GRILLPARZER-KOMMENTAR

BAND II

ZU DEN AUFSÄTZEN, FRAGMENTEN
UND AUTOBIOGRAPHISCHEN SCHRIFTEN

von Annalisa Viviani

WINKLER VERLAG MÜNCHEN

Alle Rechte, einschließlich derjenigen des auszugsweisen Abdrucks und der photomechanischen
Wiedergabe, vorbehalten
© 1973 by Winkler Verlag, München
Umschlag: Else Driessen
Gesamtherstellung: Graphischer Großbetrieb Friedrich Pustet, Regensburg
Printed in Germany
ISBN 3 538 07013 X

ABKÜRZUNGEN

D   = Erstdruck (nur vermerkt, sofern durch HKA ge-
              sichert).
DWB   = Deutsches Wörterbuch. Von Jacob Grimm und Wil-
              helm Grimm. Bd. I–XVI. Leipzig 1854 ff.
E   = Entstehung.
Gespr.   = Grillparzers Gespräche und die Charakteristiken sei-
              ner Persönlichkeit durch die Zeitgenossen. Gesam-
              melt und herausgegeben von August Sauer. 7 Bde.
              Wien 1904–1941.
GW   = Grillparzers Werke. Hrsg. von Stefan Hock. 16
              Teile. Berlin 1911.
HKA   = Grillparzers Werke. Historisch-kritische Gesamtaus-
              gabe. Hrsg. von August Sauer und Reinhold Back-
              mann. 43 Bde. Wien 1909–1948.
              Abt. I: Werke und Apparat; Abt. II: Tagebücher,
              Jugendwerke und Apparat; Abt. III: Briefe, Doku-
              mente und Aktenstücke.
              (HKA I, 10, 140 = HKA I. Abt., 10. Bd., S. 140)
Jb.   = Jahrbuch der Grillparzer-Gesellschaft. Wien 1891 ff.
SW   = Sämtliche Werke. Erste Gesamtausgabe, hrsg. von H.
              Laube und I. Weilen. 10 Bde. Stuttgart 1872.
              SW⁴ = 4. Auflage, hrsg. von A. Sauer. 16 Bde.
              Stuttgart 1887/8.
Tgb.   = Tagebücher in HKA II, 7–12.

Die folgenden Titel sowie die erläuterten Wörter sind nach dem Wort-
laut der HKA, jedoch orthographisch modernisiert, wiedergegeben.

AUFSÄTZE ÜBER LITERATUR, MUSIK UND THEATER

ERKLÄRUNG GEGEN DIE KRITIKER DES TRAUERSPIELES „DIE AHNFRAU"

E: Ende März 1817. – In Nr. 24 der *Wiener-Moden-Zeitung* vom
22. März 1817 hatte Alois Jeitteles (1794–1858) einen scharfen An-
griff gegen *Die Ahnfrau* unter dem Titel *Gegen die romantische
Schicksalstragödie* veröffentlicht, gegen den sich Grillparzers Aufsatz
wendet und mit dem sich auch der von Schreyvogel verfaßte Vorbe-
richt zum Trauerspiel in schärfster Polemik auseinandersetzt.

Der Schloßhauptmann von Coucy: erschienen in Nr. 3 und 4 der *Wiener-Moden-Zeitung* vom 18. und 25. Januar 1816. – *Schlegels Werke über dramatische Kunst und Literatur:* Über dramatische Kunst und Literatur. Vorlesungen von August Wilhelm Schlegel. 3. Bde. Heidelberg 1809–1811. – *Laufzaum:* Laufband für kleine Kinder (vgl. DWB VI, Sp. 337). – *Herr Hebenstreit:* Redakteur der *Wiener-Moden-Zeitung.* – *die hämischen Neckereien:* Seit der Aufführung der *Ahnfrau* (31. 1. 1817) hatte Hebenstreit jede Gelegenheit benutzt, um in der von ihm herausgegebenen Zeitung auf die Schicksalstragödie ironisch anzuspielen.

BRIEFE LITERARISCHEN UND ARTISTISCHEN INHALTS

Erster Brief. Über die Bedeutung des Chors in der alten Tragödie

E: Ende September 1817. – Der Fragment gebliebene Brief Grillparzers schließt an Schreyvogels Aufsatz *Über den Chor in dem Trauerspiele* (erschienen im *Sonntagsblatt* I, 2, Nr. 41 vom 13. September 1807) an und wendet sich wie dieser gegen A. W. Schlegels *Wiener Vorlesungen* und Schillers Abhandlung *Über den Gebrauch des Chors in der Tragödie.*

jenem antiken Onyx: vermutlich die antike Sardonyxgemme in Wien, ein Meisterwerk hellenistischer Glyptik, das das Doppelbildnis Alexanders d. Gr. und seiner Mutter Olympias darstellt. – *Eusebie:* Gottesfurcht, Frömmigkeit. – *Suppositionen:* Voraussetzungen. – *Orchestra:* bei den Griechen der kreisförmige Tanzplatz für lyrische Choraufführungen, auch der hufeisenförmige Tanzplatz zwischen Spielhaus und Zuschauerraum im Theater. – *„Danaiden":* Tragödie des Äschylus. – *Eumeniden:* griech. Rachegöttinnen. – *In den „Sieben vor Thebe":* Gemeint ist Äschylus' Tragödie *Die Sieben gegen Thebe* (467 v. Chr.). – *Ob er der idealisierte Zuschauer war?:* Vgl. dazu Grillparzers Aufzeichnung: „Schlegels irrige Vorstellung von der Bedeutung des Chores in der Griechischen Tragödie, in dem er nichts als: d e n i d e a l i s i r t e n Z u s c h a u e r sieht (Dramatisch. Kunst. 1 B. pag. 115) wird durch nichts mehr widerlegt, als durch die Danaiden und die Eumeniden des Äschylos, in welchem erstern Stücke der Chor, die Danaiden nämlich, unter die Hauptpersonen des Stücks gehören, in dem zweiten aber der Chor (die Eumeniden) wenigstens den wesentlichsten Einfluß auf den Gang der Handlung nimmt, und weit von Schlegels ruhiger, idealisirender Beschauung entfernt ist. Überhaupt ist mir Schlegels Sucht, überall tiefen Grund und strenge Zweckmäßigkeit zu sehen, wo doch nichts als Zufall waltet, unausstehlich." (HKA II, 7, 88, Tgb. Nr. 199) –

auf die „Eumeniden": 3. Teil der *Orestie* des Äschylus. – *Ob er eine Scheidemauer gegen die Wirklichkeit war?:* Grillparzer bekämpft hier den oben erwähnten Aufsatz Schillers.

Zweiter Brief. Über das Fatum

E: Ende September 1817. – Der Brief (1817), der sich vor allem gegen A. W. Schlegels *Wiener Vorlesungen* richtet, ist Grillparzers Antwort auf die vernichtende Kritik der *Ahnfrau*. Die Rechenschaft des Dichters über die Anwendbarkeit des Schicksals „in der neueren Tragödie" blieb in der Schublade verschlossen und wurde erst 1872 nach seinem Tod im 9. Band der ersten Gesamtausgabe im Cotta Verlag, Stuttgart, veröffentlicht (SW IX, 131 ff.).

„Prometheus": Der gefesselte Prometheus, Tragödie des Äschylus. – *nihil novi in mundo!:* es gibt nichts Neues auf der Welt! – *Epopöe:* Epos. – *launichten:* launenhaften.

KRITIK ÜBER DIE AUFFÜHRUNG VON GOETHES „TORQUATO TASSO"

Die vermutlich vor dem 15. Mai 1818 von Grillparzer verfaßte Kritik der Tassoaufführung wurde damals nicht gedruckt.

die Vorgängerin: Antonie Adamberger (1790–1867), die Braut Theodor Körners, war von 1807–1817 am Burgtheater engagiert. – *Herr Lemm:* Friedrich Wilhelm Lemm (1772–1837), Berliner Schauspieler, hatte am 6. Mai den Don Valeros in Müllners *Schuld* und am 9. Mai die Hauptrolle in J. N. Bouillys Drama *Der Taubstumme oder der Abbé de l'Epée* gespielt. – *Mit alten Bekannten:* Josef Koberwein spielte den Herzog, Maximilian Korn den Tasso und Julie Löwe die Leonore.

ÜBER DEN GEBRAUCH DES AUSDRUCKS „ROMANTISCH" IN DER NEUEREN KUNSTKRITIK

E: 1819 im Hinblick auf den unter diesem Titel in dem *Sammler* Nr. 23/25 vom Februar 1818 erschienenen Aufsatz Schreyvogels. Sowohl Schreyvogel als auch Grillparzer wenden sich gegen A. W. Schlegels Vorlesungen *Über dramatische Kunst und Literatur*, in denen das Christentum und die Mystik als die Kennzeichen des Romantischen betrachtet werden (v. a. 1. Vorlesung).

ÜBER DAS WESEN DES DRAMA

Vgl. dazu Grillparzers Notizen aus dem Jahre 1820: „Das Wesen des Drama ist [bis] muß es ewig seyn und bleiben." (HKA II, 7, 250, Tbg.Nr. 639); „Das Wesen des Drama ist [bis] ermangelt des Schönheitssinns." (HKA II, 7, 271, Tgb.Nr. 718)

Den Ausführungen Schillers über das Tragische folgend *(Über den Grund des Vergnügens an tragischen Gegenständen, Über das Pathetische)*, bestimmten die Romantiker das Tragische als den Sieg der Freiheit über die Notwendigkeit. In Österreich wurde diese Lehre hauptsächlich von Heinrich von Collin vertreten *(Über den Chor im Trauerspiel, Briefe über die Charakteristik im Trauerspiele)*. Schreyvogel bekämpfte Collins Definitionen im *Sonntagsblatt* vom 25. Oktober 1807. Grillparzer schloß sich der Kritik Schreyvogels an.

D: Stuttgart 1872, SW IX, 124 ff.

die Schlegel in derber Anschaulichkeit: gegen Schlegels Auffassungen in den Wiener Vorlesungen (2. Vorles.). – *„im Filzhut und im Jamerlonk":* ungenaues Zitat aus Lessings *Nathan der Weise* IV, 307 f.: „Im weißen Mantel, oder Jamerlonk; / Im Turban, oder deinem Filze". *Jamerlonk:* ein türkischer Regenmantel.

„DER FREISCHÜTZ",
OPER VON MARIA WEBER

Die Oper *Der Freischütz* wurde am 3. November 1821 am Kärntnertortheater zum erstenmal in Wien aufgeführt. Bei den Anhängern der deutschen Musik löste sie großen Beifall aus, während Grillparzer, als Bewunderer Mozarts und des „italienischen Stils", sie ablehnte. Vgl. dazu die Prosasatire *Avertissement* und die dramatische Satire *Der wilde Jäger.*

weshalb ihr auch Kant: in der *Kritik der Urteilskraft.* – *indistinkter:* undeutlicher. – *daß Mozart der größte Tonsetzer ist und Maria Weber nicht der größte:* Vgl. dazu auch die Aufzeichnungen Grillparzers von 1826 und 1829: „Im Theater erzählte man mir der Kompositeur Weber sey gestorben. Der Mensch ist glücklich. Trotz des Lärmens in ganz Deutschland von seinem übermenschlichen Genie, war er doch im Grund ein ziemlich armer Teufel. Viel Verstand, Kunst anzuwenden, reproduktive Phantasie aber keine Eigenthümlichkeit, kein innerer Born strömender Gedanken. Mit jeder neuen Arbeit hätte er sich, ein musikalischer Müllner tiefer in der Achtung des Publikums herabgeschrieben; nun aber ist er tod, in der Blüthe seines Ruhmes gestorben, er ist glücklich!" (HKA II, 8, 208, Tbg.Nr. 1441) – „Als Webers Freischütz erschien, wollte mir niemand glauben, wenn ich sagte, diese seine erste Oper werde auch seine letzte seyn... Weber ist der musikalische Müllner. Beider künstlerischer Vorrath entlud sich, durch einen treibenden Stoff begünstigt, mit einem Male, und es blieb kein Rest für künftige Tage." (HKA II, 8, 336, Tgb.Nr. 1715)

ERKLÄRUNG GEGEN JOSEF SIEGMUND EBERSBERGS
REZENSION DES TRAUERSPIELES:
„KÖNIG OTTOKARS GLÜCK UND ENDE"

E: Bald nach dem 24. 3. 1825. – Der Aufsatz richtet sich gegen Ebersbergs hämische Rezension, die im *Sammler* vom 22. und 24. 3. 1825 erschienen war. Siegmund Ebersberg (1799–1854) galt als offiziöser Schriftsteller.

BRIEF ÜBER DEN DILETTANTISMUS

Aufgrund des von Grillparzer benutzten Papieres wurde der Aufsatz von August Sauer Ende 1825/Anfang 1826 datiert. Wenn die Datierung richtig ist, konnte Grillparzer bei der Niederschrift des Aufsatzes weder Goethes Schema *Über den Dilettantismus* (erst 1832 in den nachgelassenen Werken gedruckt) noch den in diesen Zusammenhang gehörenden Briefwechsel zwischen Schiller und Goethe vom Mai/Juni 1799 kennen, der erst 1828/29 veröffentlicht wurde.
D: 1872 im Cotta Verlag, Stuttgart, SW IX, 81 f. (unvollständig).

Fieberrinde: die gegen Fieber verwendete Chinarinde. – *supplieren:* ergänzen. – *Die niederländischen Kuh- und Gemüse-Raphaels:* die niederl. Landschafts- und Stillebenmaler des 17. Jhs. – *der sinnige Schnorr:* Von Wien her kannte Grillparzer Julius Schnorr v. Carolsfeld, den er in Italien wiedertraf.

REDE AM GRABE BEETHOVENS

Beethoven starb am 26. März 1827. Aus den *Erinnerungen an Beethoven* geht hervor, daß Beethovens Famulus Schindler wahrscheinlich schon am 25. März, als Beethoven im Sterben lag, Grillparzer um eine Grabrede bat, die der Schauspieler Anschütz beim Begräbnis halten sollte. Grillparzers ursprünglicher Entwurf der Rede wurde mit Anschütz besprochen und umgearbeitet. Diese Änderungen und der hinzugefügte Schluß der Rede sind nur in Anschütz' Handschrift erhalten, wahrscheinlich hat sie aber Grillparzer mit ihm redigiert. Die Rede wurde der Zensur vorgelegt. Da aber der Erzbischof die Rede eines Laien am Grabe verboten hatte, hielt Anschütz die Rede vor dem Kirchhoftor am 29. März.

Der Erstdruck der Grabrede erfolgte in Saphirs *Berliner Schnellpost für Literatur, Theater und Gesellschaft* Nr. 84 vom 29. Mai 1827; als Druckvorlage wurde eine heimlich gemachte Abschrift benutzt. Am 9. Juni 1827 wurde sie auch in Bäuerles *Allgemeiner Theaterzeitung* Nr. 69 veröffentlicht. Der erste, von Grillparzer erlaubte Druck findet sich in den 1866 in Wien erschienenen *Erinnerungen* von Heinrich Anschütz.

DER ANSCHÜTZ ÜBERGEBENE ENTWURF

D: Heinrich Anschütz: *Erinnerungen aus dessen Leben und Wirken.* Wien 1866.

Der Held des Sanges in deutscher Sprach und Zunge: Goethe. – *Adelaide:* 1796 komponiertes Lied. – *Leonore:* ursprünglicher Titel der noch vor der ersten Aufführung (1813) umbenannten Oper *Fidelio.* – *Feier der Helden von Vittoria:* das Instrumentalwerk *Die Schlacht bei Vittoria* (1813). – *des Meßopfers gläubiges Lied:* die *Missa solemnis* (1818–1822). – *Brausende Symphonie:* Die IX. Symphonie mit dem Schlußchor zu Schillers *Lied an die Freude.* – *unserm Begängnisse:* Fest, Feier (vgl. DWB I, Sp. 1278), heute nur in der Zusammensetzung „Leichenbegängnis" geläufig.

ANZEIGE

E: 12. 6. 1827. – D: *Wiener Zeitschrift* vom 19. 6. 1827. – Grillparzer war dem Abdruck auch deswegen abgeneigt, weil ihm die Rede noch uneinheitlich erschien.

REDE AM GRABE BEETHOVENS BEI DER ENTHÜLLUNG DES DENKSTEINES

Der Grabstein Beethovens wurde zwischen dem 4. und 10. November 1827 auf dem Friedhof in Währing (ehemals Vorort von Wien, jetzt der 18. Bezirk) enthüllt. Der Hofschauspieler Anschütz hielt eine von Grillparzer verfaßte Gedächtnisrede, und ein Chor sang Grillparzers Gedicht *Du, dem nie im Leben* zu einer noch unbekannten Melodie Beethovens.

so laßt uns sammeln: Fehlen des zweiten, reflexiven „uns".

BERICHT ÜBER DIE AUFSTELLUNG VON SCHUBERTS GRABDENKMAL

Ein Abdruck dieses 1830 entstandenen Berichtes ist bisher nicht nachgewiesen worden.

DEM ANDENKEN JOSEF SCHREYVOGELS

Dieser Nekrolog wurde wahrscheinlich bald nach Schreyvogels Tod (28. 7. 1832) niedergeschrieben. D: Stuttgart 1872, SW IX, 207.

„Donna Diana": Lustspiel in 3 Akten. Nach dem Spanischen des Don Agustin Moreto von Carl August West. Erstaufführung am Burgtheater: 18. November 1816. Erstdruck in Müllners *Almanach für Privatbühnen auf das Jahr 1819. — mehrerer Calderon-schen Schauspiele:* Schreyvogel bearbeitete *Das Leben ein Traum, Don Gutierre* (Erstaufführung am Burgtheater: 18. Januar 1818) und Bruchstücke aus *Semiramis. — Weltcharte:* Weltkarte.

VORWORT ZUR GEPLANTEN AUSGABE VON SCHREYVOGELS LITERARISCHEM NACHLASS

Auf Bitten der Tochter des Dramaturgen begann die Sichtung des Nachlasses bald nach dem Tod Schreyvogels. Jedoch dürfte dieses Vorwort in das Jahr 1836 gehören (vgl. HKA III, 3, 178 f., Brief Nr. 474 an Friedrich Vieweg).

Prägnanz: hier: Geltung. — *„Die eiserne Maske":* Trauerspiel, das ohne Verfassernamen 1793 in der von Alxinger hrsg. *Österreichischen Monatsschrift* erschienen war.

SCHLUSSWORT ZUR GEPLANTEN AUSGABE VON SCHREYVOGELS LITERARISCHEM NACHLASS

E: s. o. *Vorwort* . . .

Thomas und Karl August West: Pseudonyme Schreyvogels. — *avortierten:* verunglückten.

ERNST AUGUST HAGEN, „DIE CHRONIK SEINER VATERSTADT VOM FLORENTINER LORENZ GHIBERTI"

E: 1833. — *Die Chronik seiner Vaterstadt vom Florentiner Lorenz Ghiberti, dem berühmtesten Bildregister des funfzehnten Jahrhunderts nach dem Italienischen* (Leipzig 1883) ist keine Übersetzung, sondern

eine von E. A. Hagen (1797–1880) selbständig verfaßte Dichtung.
Lorenz Ghiberti: 1378–1455, Florentiner Goldschmied, Erzgießer
und Bildhauer.

der stille Maler von Fiesole: Fra Beato Angelico.

„ROBERT DER TEUFEL" VON MEYERBEER

E: 31.8. 1833. – Die Aufführung der Oper *Robert der Teufel* erfolgte am 20. 6. 1833 im Theater in der Josefstadt.

Herr Staudigl: Josef Staudigl (1807–1861) war seit September
1828 Chorist am Hofoperntheater; im Oktober 1830 war er in seiner ersten größeren Rolle aufgetreten. – *Pöks klassische Ruhe:* Carl
Josef Pöck (1812–1869) war 1833–1837 am Theater in der Josefstadt tätig. – *des Stadttheaters:* Mit Stadttheater ist die in der in-
neren Stadt gelegene Hofbühne im Gegensatz zum Vorstadttheater
gemeint. – *Madame Ernst:* Marianne Katharine Ernst
(1808–1869) war 1829–1836 Mitglied der Hofoper. – *Herrn Binder:* Sebastian Josef Binder (1792–1845), Tenor, war von
1830–1838 an der Hofoper engagiert. – *Mamsell Baier:* Hier irrt
sich Grillparzer, denn die Rolle der Isabella wurde im Kärntnertortheater von der Hofschauspielerin Julie Löwe gespielt.

GEGEN FRANZ PIETZNIGGS REZENSION DES DRAMATISCHEN MÄRCHENS „DER TRAUM EIN LEBEN"

E: 1834. – Grillparzer setzt sich in dem Aufsatz mit dem Kritiker
seines am 4. Oktober 1834 am Burgtheater uraufgeführten Dramas *Der
Traum ein Leben* auseinander. Pietzniggs Rezension war in dem
Sammler Nr. 122 vom 11. Okt. 1834 erschienen (abgedruckt in HKA I,
14, 255 ff.). Franz Pietznigg (1802–1856) lebte in Wien als Kritiker
und schrieb unter dem Pseudonym „Ermin".

Catalani-Vallabregue; Fodor-Mainvielle: Grillparzer macht sich
über Pietznigg lustig, indem er die Doppelnamen zweier damals be-
liebter Sängerinnen (Angelica Valabrègue, geb. Catalani, und Josephine Mainvielle, geb. Fodor) seinem Namen gegenüberstellt. –
Korrelatum: Wechsel, Ergänzung. – *spezios:* großartig.

THEATER-NACHRICHT

E: 28. 10. 1834. – Der Dichter verwahrt sich gegen den Versuch,
das Drama honorarfrei aufzuführen. D: *Allgemeine Theaterzeitung*
Nr. 218 vom 31. Oktober 1834.

GEGEN FRANZ PIETZNIGGS AUFSATZ „GESCHICHTLICHER BEITRAG ZUR WÜRDIGUNG DES NEUESTEN GRILLPARZERSCHEN WERKES: ‚DER TRAUM EIN LEBEN'"

E: Ende 1834. – Der Aufsatz, gegen den sich Grillparzer wendet, erschien nicht unterzeichnet im Oktoberheft der von Pietznigg herausgegebenen Zeitschrift *Mittheilungen aus Wien*, S. 55 (abgedruckt in HKA I, 14, 265 f.). Er ist dem Herausgeber selbst zuzuschreiben und als Nachtrag zu seiner früheren Rezension im *Sammler* zu betrachten.

KARL FRIEDRICH GÖSCHEL, „UNTERHALTUNGEN ZUR SCHILDERUNG GOETHESCHER DICHTUNG UND DENKWEISE"

E: 1834/35. – K. F. Göschel veröffentlichte unter diesem Titel insgesamt drei Bände: Bd. I und II erschienen 1834, der von Grillparzer hier noch nicht berücksichtigte dritte Band erschien erst 1838. Für welche Behörde Grillparzer das Gutachten über Göschels Buch abgeben sollte, ist nicht bekannt.

ÜBER DEN GEGENWÄRTIGEN ZUSTAND DER DRAMATISCHEN KUNST IN DEUTSCHLAND

E: 1834. D.: *Blätter für Literatur, Kunst und Kritik*. Wien, 3. Jänner 1835. Später wiederholt in der *Wiener Zeitung* 1869, Nr. 11.

das Ausland scheint in die Ansicht einzugehen: Anspielung auf Mme. de Staëls *De l'Allemagne*. – *von einem die Kunst Ausübenden herzurühren:* Vgl. dazu Lessings Ausspruch im 96. Stück der *Hamburgischen Dramaturgie*: „Nicht jeder Kunstrichter ist Genie: aber jedes Genie ist ein geborner Kunstrichter." – *das Drama lügt eine Gegenwart:* vielleicht auf Goethes Aufsatz *Über epische und dramatische Dichtung* (*Über Kunst und Altertum*, 1827) bezogen. Zu Foglar sagte Grillparzer am 30. Dezember 1839: „Goethe sagt recht bezeichnend in seinen hinterlassenen Schriften: ‚Das Drama ist Gegenwart.'" (Gespr. III, 195, Nr. 718) – *inzisiv:* einschneidend. – *refüsiert:* verweigert. – *Der Chor war der idealisierte Zuseher:* Vgl. *Über die Bedeutung des Chors in der alten Tragödie*. – *Entstünde nun die Frage: ob man überhaupt Ideen an die Spitze ...:* Vgl. dazu die Aufzeichnung von 1834: „Fragt mich aber nun jemand ob ein Drama eine Idee zur Grundlage haben könne oder solle? so antworte ich: warum nicht? vorausgesetzt, daß sich der Verfasser einer großen belebenden Kraft bewußt ist, wie Calderón allenfalls. Die übrigen großen Dichter haben es aber nur selten praktizirt, und sind in ihren Hervorbringungen zu Werke gegangen wie ihre große Meisterin die Natur: Ideen anregend, aber vom lebendigen Faktum ausgehend. Im Anfang war die That." (HKA II, 9, 172, Tgb.Nr. 2175) – *Kenntnisse und Wahrheiten werden von Geschlecht zu Geschlecht fortgepflanzt:* Herkunft des Gedankens aus Kants *Kritik der Urteilskraft* § 47.

MEINE ANSICHT

E: Zwischen dem 5. und 17. 2. 1835. – D: *Blätter für Literatur und Kunst,* 18. 2. 1835. – Anlaß dieser Erklärung war wohl der Beginn der literarischen Fehde zwischen Bauernfeld und Saphir.

THEATER

E: März 1835. – Bauernfelds romantisches Zauberspiel *Fortunat* war bei der Erstaufführung im Theater in der Josefstadt am 24. März 1835 abgelehnt worden. Saphirs vernichtende Kritik, die in der *Wiener Theaterzeitung* Nr. 61/62 vom 26. und 27. März 1835 erschien, war seine Rache für die früheren Angriffe Bauernfelds. Grillparzers Antwort darauf wurde damals nicht gedruckt.

GOETHE UND SCHILLER

E: 1836. – In den *Blättern für Literatur, Kunst und Kritik* erschien am 2. Januar 1836 Ernst v. Feuchterslebens Aufsatz *Goethe und Schiller* (abgedruckt in HKA I, 14, 274 ff.). Grillparzer hatte für die gleiche Zeitschrift eine Erwiderung geschrieben, die aber dort nicht veröffentlicht wurde.

ÜBER DAS ERSTE AUFTRETEN DER DLLE. LEEB

Die unvollendete Anzeige wurde Ende September 1836 im Interesse von Anna Fröhlich geschrieben, deren Schülerin am Konservatorium Katharina Leeb war.

„Der Schwur": Oper von Daniel François Auber. – *der Direktion:* den Regisseuren Ludolf, Kindler und Seligmann. – *des Musikvereins:* Anna Fröhlich unterrichtete Gesang an einem dem Wiener Musikverein angeschlossenen Konservatorium. – *Herrn Seipelt:* Der Baßsänger (1787–1847) war von 1822–1824 und von 1831–1841 Mitglied der Hofoper. – *den Komiker Nestroy zur Nachahmung anreizte:* in *Eulenspiegel oder Schabernack über Schabernack.*

GUTZKOWS „NERO"

E: 1837. – Gutzkows Trauerspiel *Nero* war 1835 in Stuttgart erschienen.

Sagazität: Scharfsinn. – *den „Genoveven" und „Oktavianen":* Tiecks Dramen: *Leben und Tod der heiligen Genoveva* und *Kaiser Oktavianus.*

FERDINAND RAIMUND

Grillparzer war sowohl dem Dichter als auch dem Schauspieler Raimund zugeneigt. Die Anfang 1837 entstandene Buchbesprechung erschien damals nicht. D: SW IX, 203 ff., Stuttgart 1872.

Der erste Band von Ferdinand Raimunds Werken: Er umfaßte die Stücke *Der Diamant des Geisterkönigs* und *Der Alpenkönig und der Menschenfeind.* – *Zustand des Leopoldstädter Theaters:* Alt-Wiener Volkstheater, das von 1803–1816 von K. F. Hensler, dann von Sartory und von 1828–1830 von F. Raimund geleitet wurde. – *Kanevas:* hier: loses Gewebe.

WORIN UNTERSCHEIDEN SICH DIE ÖSTERREICHISCHEN DICHTER VON DEN ÜBRIGEN?

Der 1837 geschriebene Aufsatz bezieht sich auf die neuere Literatur des 19. Jahrhunderts.

in einem Buche: Julius Seidlitz: *Die Poesie und die Poeten in Österreich im Jahre 1836.* Grimma 1837. – *submiß:* untertänig.

ERKLÄRUNG ANASTASIUS GRÜNS GEGEN BRAUN VON BRAUNTHAL

E: Nach dem 23. 9. 1837. – Graf Anton Auersperg hatte seine Gedichte unter dem Pseudonym Anastasius Grün im Ausland erscheinen lassen. Im *Österreichischen Musenalmanach,* hrsg. von Ritter Braun von Braunthal (Wien, Dresden und Leipzig 1836), erschienen nun fünf Gedichte mit der Überschrift: *A. Grün. Fünf Stunden,* obwohl Auersperg dem Herausgeber Beiträge zu diesem Almanach verweigert hatte. Die Gedichte waren eine Fälschung. Da Braunthal verdächtigt wurde, im Dienste der Polizei zu stehen, nahm Auersperg an, daß die Polizei diese Fälschung bewirkt habe, um ihn zu einer Erklärung zu veranlassen, in der er öffentlich jene Identität bekannt hätte. – Auers-

perg war über die falsche Beschuldigung, daß er sein Ehrenwort für
seine Nichtidentität mit dem Schriftsteller Anastasius Grün gegeben
habe, sehr empört. Sein Freundeskreis plante eine gemeinsame Erklärung der besten Wiener und österreichischen Schriftsteller. In diesem
Zusammenhang skizzierte Grillparzer die vorliegende Erklärung im
Namen Grüns. Die Veröffentlichung erübrigte sich aber, da Auersperg
Braun von Braunthal durch seine Sekundanten inzwischen zum Wi-
derruf gezwungen hatte.

ÜBER DAS WIRKEN DER GESELLSCHAFT DER MUSIKFREUNDE DES ÖSTER-
REICHISCHEN KAISERSTAATES UND DEREN GEGENWÄRTIGEN ZUSTAND

Josef Sonnleithner, Grillparzers Onkel, hatte die Gründung der Gesellschaft (1815) angeregt, der 1817 ein Konservatorium angeschlossen
wurde. Seit der Errichtung des neuen Gebäudes (Eröffnung am 4. November 1831) geriet die Gesellschaft der Musikfreunde in finanzielle
Schwierigkeiten. Am 16. Februar 1837 legte der Präsident Fürst Lob-
kowitz die finanzielle Bedrängnis der Gesellschaft dar. Auch Grillparzer wurde in den Hilfsausschuß gebeten (vgl. HKA III, 2, 192, Brief
Nr. 485) und mit der Abfassung eines Aufrufs betraut. Der Aufsatz,
der schon Ende 1837 entworfen wurde, erhielt erst 1838 die endgültige
Form. D: *Wiener Zeitung* vom 5. Januar 1839.

Aufführung von Haydns unsterblichen „Jahreszeiten": am 4. November 1838. – *Händels „Timotheus":* Aufführung am 29. November 1812 in Wien. Vgl. dazu das Gedicht *Die Musik.*

„LUCREZIA" VON PONSARD

Das Trauerspiel *Lucrèce* von François Ponsard (1814–67) wurde
am 22. April 1843 in Paris im Théâtre Français uraufgeführt. Der
Aufsatz, veranlaßt durch die französischen Besprechungen und die
Lektüre des Originals, nicht durch die Aufführung in der Übersetzung
von J. G. Seidl am Burgtheater (30. März 1844), dürfte kurz nach der
Pariser Aufführung geschrieben worden sein, da Grillparzer sich bereits am 14. Januar 1844 (also vor der Wiener Aufführung) darüber
zu Foglar äußert: „Ich kann Ponsards ‚Lucrèce' kein gutes Stück
nennen, aber es enthält viel Respektables; und wenn die Deutschen
glauben, es besser machen zu können, so irren sie sehr." (Gespr. III,
281, Nr. 808).

post factum: nach der Tat. – *Beweis a contrario:* Gegenbeweis. –
pronunciamientos: Aufstände (1820). – *Juli-Revolution:* 1830. –
Exuberanz: Überschwang, Übermaß. – *supplieren:* ergänzen.

„WALDFRÄULEIN" VON ZEDLITZ

Die Ende 1843 geschriebene Kritik des im gleichen Jahr im Cotta-Verlag erschienenen Werks von Joseph Christian Frhr. v. Zedlitz *Waldfräulein. Ein Mährchen in achtzehn Abentheuern* wurde damals nicht veröffentlicht. Grillparzers Aufsatz ist eine Gegenkritik zur schlechten Besprechung in Frankls *Sonntagsblättern.*

Non datur vacuum in rerum natura: „Es gibt keinen leeren Raum in der Natur." (Campanella). – *Tristan und Isolde:* erschienen: Düsseldorf 1841. – *auch Euripides nachfolgen zu lassen:* Vgl. dazu das Gedicht *Euripides an die Berliner.* – *raffen von allen Seiten Riesen-Ideen:* Ausspruch gegen Lenau. – *Kraken:* sagenhafte riesige Seetiere.

TRINKSPRUCH BEI DER FEIER SEINES GEBURTSTAGES

E: 15. 1. 1844. – D: *Wiener Zeitschrift* vom 22. 1. 1844.

„DIE HEIMKEHR DER VERBANNTEN" VON OTTO NICOLAI

E: Nach dem 3. 2. 1844. – Die Oper *Die Heimkehr der Verbannten* wurde am 3. Februar 1844 am Kärntnertortheater aufgeführt, wo Otto Nicolai (1810–1849) schon im Winter 1837/38 und dann seit 1841 als Kapellmeister tätig gewesen war.

TRINKSPRUCH FÜR OEHLENSCHLÄGER

E: 12. 7. 1844. – D: *Wiener Zeitschrift* vom 15. 7. 1844, Nr. 141 – Die Schriftstellergesellschaft Concordia veranstaltete für Oehlenschläger, der sich mehrere Wochen in Wien aufgehalten hatte, am Tag vor seiner Abreise im Hotel „Zur Kaiserin Elisabeth" ein Fest. Grillparzer überreichte dem Dichter einen Lorbeerkranz und trug den ersten Trinkspruch vor.

G. G. GERVINUS, „GESCHICHTE DER DEUTSCHEN DICHTUNG", BAND V. 1842

Die Kritik an Gervinus' *Neuerer Geschichte der poetischen National-Literatur der Deutschen. Zweiter Theil: Von Goethes Jugend bis zur Zeit der Befreiungskriege* wurde Ende 1844 verfaßt, erschien aber nicht zu Grillparzers Lebzeiten. Gervinus spricht in seinem Werk abfällig über Grillparzers *Ahnfrau, Sappho, Medea* und über die historischen Dramen, ohne sie einzeln zu nennen. D: SW IX, 172 ff., Stuttgart 1872.

juste milieu: Mittelweg. – *urgiert:* nachdrücklich betreibt. – *Utilitarismus:* Nützlichkeitsstandpunkt. – *Pragmatismus:* philosoph. Lehre, die im nützlichen erfolgreichen Handeln das Wesen des Menschen erblickt.

ÜBER DAS HOFBURGTHEATER

Der Aufsatz fällt wahrscheinlich in das Jahr 1849 und steht vermutlich in Zusammenhang mit den im März 1849 begonnenen Verhandlungen über eine Reorganisation des Burgtheaters, die 1850 zur Berufung Heinrich Laubes führten.

TOAST

E: Ende Februar oder Anfang März 1850. Wahrscheinlich handelt es sich um eine Vorstufe zu dem *Toast für Meyerbeer* in Versen aus demselben Jahr.

PREISLUSTSPIELE

E: Anfang November 1850 – 7. Januar 1851. – Heinrich Laube, der 1850 der neue Leiter des Wiener Burgtheaters geworden war, ließ im *Wanderer* vom 6. April 1850, Morgenblatt Nr. 163, Preise für die besten Lustspiele ausschreiben, um diese Gattung des Dramas wieder zu beleben. Die Manuskripte sollten nicht mit dem Namen des Autors, sondern mit einem Motto versehen und mit einer versiegelten Beilage abgegeben werden. Diese Beilage sollte dasselbe Kennwort tragen und den Namen und die Adresse des Autors enthalten. Die Prüfungskommission für die Preisstücke bestand aus Grillparzer, Friedrich Halm, Ignaz Kuranda, Maximilian Korn und Ferdinand Wolf. Insgesamt wurden 103 Lustspiele eingesandt. Bei der Preisverteilung am 26. Januar 1851 erhielt *Der kategorische Imperativ* von Eduard von Bauernfeld den ersten Preis. Das Ergebnis der Preisausschreibung wurde in dem Abendblatt der *Wiener Zeitung* vom 27. Januar 1851, Nr. 21, mitgeteilt.

„Der dicke Tischler": von Franz von Braunau, Deckname für Franz Xaver Fritsch (1779–1870). – *„General Suwarow":* Dazu notierte sich Grillparzer 1851: „Ein zweites, aus der rußischen Geschichte,

zeigte von einer ausgezeichneten Geisteskraft des Verfassers, aber die eigentliche Lustspiel-Verwicklung war unendlich schwach und es trat auch der Umstand ein, daß die Hauptfigur möglicherweise gar nicht darzustellen war." (HKA II, 11, 221, Tgb.Nr. 4047) – *bluettenartig:* frz. „bluette" bedeutet: ein kleines literarisches Werk von schnell versprühendem Witz. – *„Wie im goldenen Zeitalter":* von Karl Wilhelm Theodor Frenzel (1827–1914). – *honeste servit, qui succumbit tempori:* „Ehrenhaft dient der, der sich der Zeit unterwirft." – *„Der kategorische Imperativ:* von Eduard v. Bauernfeld. – *den kategorischen Imperativ der Kantianer:* die unbedingte Verpflichtung zu einer sittlichen Handlung. – *Im Lustspiele aber . . .:* Einfluß von Corneilles *Discours sur la tragédie.* – *radotieren:* faseln. – *einer femme savante:* einer klugen Frau. – *en laid:* im Häßlichen. – *„Das Preislustspiel":* von Eduard Mautner (1824–1889), bekam den 2. Preis und wurde vom 5. April 1851 bis zum 14. Juni 1870 22mal aufgeführt. – *der falschen Primadonna:* Posse mit Gesang in 2 Akten von A. Bäuerle. – *der falschen Indianer in Krähwinkel: Die Buschmenschen in Krähwinkel.* Eine Posse in einem Akt von Carl Meisl. – *„Querstreiche":* Franz von Braunau, nach Molières *Les contretemps ou l'Etourdi.* Am 23. und 24. März 1852 am Burgtheater aufgeführt und durchgefallen. – *„Estelle":* von Joh. Ludwig Deinhardstein, wurde nicht aufgeführt. – *Hans Sachs:* Dramatisches Gedicht in 4 Aufzügen von Deinhardstein. – *Prinzessin Animalia von Sachsen:* absichtliche Verschreibung des Vornamens von Amalia von Sachsen, die unter dem Pseudonym A. Heiter Dramen schrieb. – *„Heinrich und Alexis oder Schicksals-Tücken":* Der Verfasser Leopold Feldmann (1820–1882) war 1850–54 Dramaturg am Theater an der Wien. Dort wurde das Stück 1850 aufgeführt. Am Burgtheater fand die Aufführung erst 1867 statt. – *Klappreime:* Paarreime. – *„Gleich und gleich":* wahrscheinlich von Ludwig Volrad Jüngst (Pseudonym Ludwig Rosen). – *das bekannte russische Trauerspiel Raupachs: Die Leibeigenen oder: Isidor und Olga.* – *Akzessit:* Nebenpreis. – *„Der Täufling des Kardinals":* von Eduard Hobein (1817–1882), 1858 unter dem Titel *Mazarins Pate* gedruckt. – *Nun kann ein Lustspiel zwanzig Intriguen . . .:* Einfluß von Corneilles *Discours sur la tragédie.* – *wie der „Etourdi" oder die „Fourberies de Scapin":* Stücke von Molière. – *„Der Liebesbrief":* Lustspiel von Julius Roderich Benedix (1811–1873).

ZUR LITERARGESCHICHTE
Erste Fassung

Der Aufsatz, der die Grundanschauungen des Dichters zusammenfaßt, wurde vermutlich 1848 geschrieben.

Mad. Staël "De l'Allemagne": erschien zuerst: London 1813, dann Paris 1814. – *Das Palladium:* Schutzbild, schützendes Heiligtum. – *Der Trieb, die Neigung, das Instinktmäßige sind ebenso göttlich als die Vernunft:* Die Sturm-und-Drang-Lehre Hamanns, Herders und Goethes. – *Der Veranlasser dieser geistigen Richtung:* Jacob Grimm. – *einen bedeutenden Anteil Phantasie:* Vgl. dazu Grillparzers Charakteristik von Jacob Grimm vom November 1837: „Eine folgerechte Phantasterei, ein kindlicher Pedantismus macht den Gegenstand, den er nur zu erklären glaubt." (HKA II, 10, 196, Tbg.Nr. 3284) – *Koterie-Protektion:* Klüngel-Protektion. – *mastodontisch-ichthyosaurischen:* urweltlich elefantisch-kriechtierhaften.

ÜBER GENIALITÄT

August Sauer hat den Aufsatz aufgrund des Papiers der Reinschrift Anfang der 50er Jahre datiert. Die Sondierung beider Begabungen, von Talent und Genie, beschäftigte Grillparzer seit Mitte der 30er Jahre (vgl. HKA II, 9, 310, Tgb.Nr. 2809 und 2812; HKA II, 10, 291, Tgb.Nr. 3496). D: SW IX, 92 ff., Stuttgart 1872.

Abbé Mezzofanti: Kardinal Giuseppe Mezzofanti (1774–1849). – *qui heurlent de se trouver ensemble:* „die sich nur schwer zusammenfinden".

DIE KUNSTVERDERBER

E: Vielleicht Sommer 1852. – Der Aufsatz weist Beziehungen zu Kants *Kritik der Urteilskraft* § 46, 47, 49 auf. Vgl. dazu auch folgende Stelle der *Selbstbiographie:* „Er [Tieck und Jean Paul] gehören unter die frühesten Verderber unserer Literatur. Wenn es hart scheinen sollte, so begabte Schriftsteller als Kunstverderber zu sehen, der mag nur wissen, daß die jeweiligen Verderber der Kunst immer begabte Schriftsteller sind, da nur solche zur Billigung oder Nachahmung verlocken. Unbegabte verlacht man und sie verderben Niemanden als sich selbst." (HKA I, 16, 184)

ÜBER EINE NEUE RECHTSCHREIBUNG

E: April 1856. – Dieser Artikel ist Grillparzers Antwort auf die Bestrebungen für die Einführung einer neuen Rechtschreibung, mit denen sich seit 1852/53 die *Zeitschrift für die österreichischen Gymnasien* beschäftigte. Vgl. dazu auch das Epigramm *Neue Rechtschreibung.*

vier philosophische Systeme: diejenigen Kants, Fichtes, Schellings und Hegels. – *phantastische Pedanten:* Vgl. dazu die Epigramme *Den Deutschen* und *Genealogisch* und die Satire *Bruchstück aus einem Literaturblatt vom Jahre 1900.*

TRINKSPRUCH ZUR SCHILLERFEIER

Der von Grillparzer für die Wiener Feier zu Schillers 100. Geburtstag (12. November 1859) geschriebene Toast wurde zurückgewiesen, weil Grillparzer darin Einspruch dagegen erhob, daß das Schillerfest nicht als literarisches Jubiläum, sondern als politisches Fest begangen wurde. Vgl. dazu auch das Epigramm *Schillerfest.* Grillparzer zog den Toast zurück, nahm aber trotzdem an der Schillerfeier teil.

ERWIDERUNG GEGEN DAS ABENDBLATT DER „PRESSE"
VOM 9. NOVEMBER 1859

Das Abendblatt der „Presse" hatte folgende Bemerkung gebracht: „Für das Samstag [12. November] im Sofiensaale stattfindende Bankett hat auch Grillparzer einen Toast gedichtet. Er hat denselben dem Komitee vorgelegt und ist damit zurückgewiesen worden, weil darin einer gereizten Stimmung gegen das Jubelfest und die allgemeine Begeisterung Ausdruck gegeben ist. Der Dichter der ‚Ahnfrau' ist alt geworden!" (Gespr. IV, 161, Nr. 1075)
Grillparzers Erwiderung wurde damals nicht veröffentlicht.

ZUR LITERARGESCHICHTE
Zweite Fassung

Diese zweite Fassung des Aufsatzes hat den Charakter einer Rede und dürfte in den ersten 60er Jahren niedergeschrieben worden sein. Sauer faßt den Aufsatz als geplante Rede für die Wiener „Akademie der Wissenschaften" auf. Der Vortrag wurde aber nicht gehalten und erst nach Grillparzers Tod veröffentlicht. – D: SW IX, 156 ff., Stuttgart 1872.

die Geschichte der sich selbst realisierende Begriff: Auffassung Hegels. – *ex professo:* ausdrücklich. – *zur Literar-Geschichte der Gegenwart:* Das erste Kapitel von Robert Prutz' Werk *Die deutsche Literatur der Gegenwart* (Leipzig 1859) trug die Überschrift „Die Literaturgeschichte und ihre Stellung zur Gegenwart." – *den Helden des Jahrhunderts besiegt:* Napoleon I. – *unserer heutigen Feuer- und Wasser-Männer:* die Dichter des Jungen Deutschland. –

Ein obskurer Skribler: Joh. Friedrich Wilhelm Pustkuchen: *Wilhelm Meisters Wanderjahre.* Quedlinburg u. Leipzig 1821. – *daß unsere Zeit eine Übergangsperiode sei:* Vgl. dazu das satirische *Literaturgespräch.* – *antediluvianische:* vorsintflutliche. – *mastodontisch-ichthyosaurische:* urweltlich elefantisch-kriechtierhafte. – *Exempla sunt odiosa:* „Beispiele sind verhaßt." – *ein Schauspieler:* David Garrick (1716–1779). – *den physiologischen, odischen und metaphysisch-theologischen Briefen in unsern Zeitungsblättern: Physiologische Briefe* in der Beilage zur *Allgemeinen Zeitung* (Frühjahr 1852). Dort erschienen auch die *Odisch-magnetischen Briefe* von Karl Frhr. von Reichenbach. – *Einer unserer geachtetsten Literarhistoriker:* Gervinus.

AUFSÄTZE ZU ZEITGESCHICHTE UND POLITIK

VERTEIDIGUNGSSCHRIFT NACH AUFHEBUNG DER LUDLAMSHÖHLE

Die lustige Gesellschaft wurde am 15. Dezember 1817 nach der ersten Aufführung von Oehlenschlägers dramatischem Märchen *Ludlams Höhle* im Theater an der Wien in Haidvogels Gasthaus im Schlossergäßchen gegründet. Vorsitzender der Vereinigung war der Hofschauspieler Karl Schwarz (vgl. J.F. Castelli: *Memoiren meines Lebens,* II. Bd. München 1914, S. 1 ff.). Vgl. dazu auch die Satire *Der Zauberflöte zweiter Teil* und *Selbstbiographie* (HKA I, 16, 207 ff.).

NEKROLOG AUF KAISER FRANZ I.

Vgl. dazu die Satire *Verlegenheiten eines Staatsdieners beim Tode seines Landesfürsten* und das Epigramm *Ist er tot?*

Begräbnis: am 7. März 1835. – *Elevation:* Erhebung, Erhöhung.

FÜRST METTERNICH

Der Aufsatz entstand etwa Mitte August 1839 in den Tagen der schwersten Krise in Metternichs Krankheit, als man an seinen nahe bevorstehenden Tod bereits zu glauben begann. Mit Metternich beschäftigte sich Grillparzer in zahlreichen Aufsätzen, Satiren, Gedichten und Epigrammen (vgl. *Der Tag brach an, Warschau* ab V. 93 ff., *Weiß nicht, Für unser Glück, Alpenszene, Der kranke Feldherr, Diplomatisch, Als Taschenspieler, Fürst Metternich, Fürstliche Freigebigkeit,*

Grundsätze, Fremd, Austria erit in orbe ultima, Bekehrung, Kunstgeheimnis, Der Diplomat, Historisch!, Fürst M., *In Politik, Österreichisches Examen, Grabschrift, Die fünf Sinne, Als Kind, als Jüngling, Ein großer Staatsmann, Ich weiß ein allgewaltig Wort, Orden pour le mérite, Fürst***, Du eifertest gegen den Nachdruck, Goldenes Vließ*). Während seiner Deutschlandreise von 1826 beklagte sich der Dichter in Berlin bei Varnhagen über die österreichischen Zustände der Unterdrückung von Geistesbildung und Literatur. Dazu schreibt K. A. Varnhagen von Ense in den *Blättern aus der preußischen Geschichte,* IV. Bd. Leipzig 1869, S. 104: „Auch beurteilt er [Grillparzer] das österreichische System noch billig genug, und sagt selbst vom Fürsten von Metternich, derselbe sei persönlich nicht so schlimm, sondern nur durch seine Stellung, diese zwinge ihn zu manchem; z. B. daß er Grillparzern wegen dessen Gedicht auf das Campo Vaccino befeindet und verfolgt, während er doch selbst in Italien mit hohem Wohlgefallen über Tisch, wo auch Grillparzer mitaß, mehr als 100 Verse von Byron, und zwar die stärksten aus Childe Harold auf Italien bezüglichen, auswendig hergesagt, ein Zug, der übrigens Grillparzern noch jetzt angenehm in der Erinnerung ist." (Zitiert nach HKA I, 13, 396)

In seinem Aufsatz macht Grillparzer den Versuch einer objektiven Wertung Metternichs: Er nennt ihn einen großen Diplomaten, aber einen schlechten Staatsmann.

die Allianz gegen Napoleon: Im Reichenbacher Vertrag vom 27. Juni 1813 verpflichtete sich Österreich, dem Bündnis Preußens, Rußlands und Englands beizutreten, wenn Napoleon nicht bis zum 20. Juli die illyrischen Provinzen an Österreich zurückgeben würde. Am 12. August 1813 erfolgte die Kriegserklärung an Frankreich. – *die Schlacht von Dresden:* der letzte Sieg Napoleons, am 26. und 27. August 1813. – *den Enkel seines Kaisers:* Sohn Napoleons I. und Marie Luises, der Tochter von Kaiser Franz I.; Herzog von Reichstadt. Metternich widersetzte sich seinem Anspruch auf den französischen Thron. – *Gentz' Briefe:* Vgl. „*Friedrich von Gentz*" in der *Galerie von Bildnissen aus Rahel's Umgang und Briefwechsel,* hrsg. v. K. A. Varnhagen von Ense, Bd. II, S. 155–260. – *Cridastand:* spätlat. Ausdruck für Konkurs. – *pour boire:* Trinkgelder. – *Daß er sich aber von Preußen verlocken ließ:* entspricht nicht den Tatsachen: Metternich selbst ergriff die Initiative. – *sybaritisch:* genußsüchtig, verweichlicht. – *mousseux:* Schaumwein. – „*bugiardo ...*": ital.: Lügner, Lügner und nichts als Lügner. – *à force de répétition:* durch häufige Wiederholung. – *gran tacaño:* span.: großer Betrüger. – *eines Zollvereines:* 1833 wirtschaftliche Vereinigung der meisten deutschen Länder mit Ausnahme Österreichs im Deutschen Zollverein unter der Führung Preußens. – *Vertrag mit Baiern:* Münchner Staatsvertrag vom 14. April 1816: Salzburg und das Inn- und Hausruckviertel wurden an Österreich abgetreten, Bayern erhielt Berchtesgaden und die auf dem linken Salzachufer gelegenen Ortschaften. – *lederner:* mittelmäßiger. – *Katze ... Maus: Katze* ist mit Rußland und *Maus* mit England gleichzusetzen. – *Mauerlöchern und Vorratskammern:* Gemeint ist die Türkei, das Tor zum Orient. – *Lohnkutscher:* Anspielung darauf, daß sich Metternich seit dem Wiener Frieden den Kutscher Europas zu nennen pflegte. – *die Befreiung Griechenlands:* Die Unabhängigkeit Griechenlands wurde am 3. Februar 1830 in London von Rußland, England und Frankreich, nicht aber von Österreich garantiert. – *Unmöglichkeit der Verwirklichung:* Schlacht bei Navarin am 20. Oktober 1827, Kriegserklärung Rußlands an die Türkei am 26. April 1828, Niederlage der Türken bei Nisib am 24. Juni 1829. – *Vertrag von Adrianopel:* Am 14. September 1829 erhielt Rußland fast das ganze Donaudelta und einen Teil von Armenien. – *Entstehung der Dampfschiffahrt:* 1830 Gründung der Ersten k.k. privilegierten Donau-Dampfschiffahrts-Gesellschaft. – *Mittelmächte:* Preußen, Österreich, Rußland. – *Bündnis:* im Juni 1831. – *habetis bonam constitutionem ... et mantenebo illam:* Ihr habt eine gute Verfassung, und ich werde sie erhalten. – *Bürgerkönig:* Louis Philippe von Frankreich. – *seines Thronfolgers:* Ferdinand Herzog von Orléans (1810–1842) war der älteste Sohn Louis Philippes. Vom 29. Mai – 11. Juni 1836 war Ferdinand von Orléans mit seinem Bruder Ludwig, Herzog von Nemours, in Wien. Am 8. Juni brachte der französische Botschafter Sainte-Aulaire die offizielle Werbung Ferdinands um die Erzherzogin Therese, die Tochter des Erzherzogs Karl, bei Metternich an. Am 9. Juni erfuhr der Prinz, daß Therese aus Furcht, das Opfer des ersten Aufstands zu werden, nicht nach Frankreich heiraten wolle. Im November bemühte sich Ferdinand II. von Neapel um die Hand Theresens. Die offizielle Werbung sollte im Dezember stattfinden. Es ist möglich, daß der *Freiwerber,* dessen Name nicht erwähnt wird, derselbe war wie bei Ferdinand von Orléans. Die Darstellung Grillparzers, der zeitlich Auseinanderliegendes dramatisch zusammenfaßt, ist also hier etwas ungenau. – *Maria Louise:* Nach der Scheidung von Josephine heiratete Napoleon im Frühjahr 1810 die Erzherzogin Marie Luise. – *nahm Preußen an:* Am 30. Mai 1837 vermählte sich Kronprinz Ferdinand Philipp mit Prinzessin Helene von Mecklenburg-Schwerin, der Nichte Friedrich Wilhelms III. – *Zillertaler Religionsgeschichte:* Aufgrund der kaiserlichen Entschließung vom 12. Januar 1837 wanderten etwa 400 Zillertaler wegen der Protestantenverfolgungen nach Schlesien aus. Vgl. dazu auch das Epigramm *Die Tiroler Religionsgeschichte.* – *Die Hermesianische Ketzerei:* Georg Hermes (1775–1831) wollte die durch Kant bestrittene Möglichkeit einer philosophischen Grundlegung der Theologie sichern, indem er in der katholischen Kirche einen von der Philosophie erzwungenen bruchlosen Übergang von der Vernunfteinsicht zur Offenbarung Jesu nachzuweisen suchte. Nachträglich wurde seine Lehre durch Gregor XVI. als ketzerisch verurteilt (1835/1836). Den erst nach jahrzehntelangen Wirren erfolgreichen Kampf gegen Hermes' Anhänger führten die Kölner Erzbischöfe C. A. von Droste und J. von Geißel. – *Lumpen aller Art:* Gemeint sind Fr. Schlegel, Zedlitz, Gentz, Hurter, Pilat. – *Energumenen:* von Dämonen besessene Schwärmer. – *zum drittenmale geheiratet:* Metternichs zweite Gattin Antonie Leykam war nach einjähriger Ehe 1829 im Wochenbett gestorben. Am 30. Januar 1831 heiratete Metternich die Gräfin Melanie Zichy-Ferraris. – *Jesuiten:* Aufgrund des Beschlusses vom 19. März 1836 erhielten die Jesuiten das Recht, nach ihrer eigenen Studienordnung, der „ratio studiorum", den Unterricht zu leiten. Vgl. dazu auch das Epigramm *Homöopathisch.* – *die gemischten Ehen:* Nur gegen das Versprechen katholischer Erziehung der Kinder durften die gemischten Ehen eingesegnet werden (= Kölner Kirchenstreit). – *Tod des Sultans Machmud:* am 30. Juni 1839. – *orientalische Frage:* 1839–1841. Im Krieg zwischen dem türkischen Sultan und dem Pascha v. Ägypten ergriff Frankreich Partei für Ägypten, während England und Rußland für die Türkei eintraten. Durch die 1. Londoner Konvention (15. Juli 1840) einigten sich England, Rußland und Österreich; Frankreich wurde vom Vertrag ausgeschlossen. – *das „rasende Glück":* Am 25. November 1830 schrieb Gentz an Rahel Varnhagen von Ense: „Die Heirath des Fürsten Metternich mit Melanie Zichy ist seit einigen Tagen deklarirt; sie freut mich sehr; und es gehört zu dem rasenden Glück, welches den Fürsten stets verfolgt, nach einer Frau, wie seine verstorbene, noch einmal einen solchen Fund zu machen." (Zitiert nach HKA I, 13, 405) – *Schein der Geringschätzigkeit:* Diese ausdrückliche Ablehnung zeugt dafür, daß Grillparzer sich bewußt war, an vielen Stellen mit Heftigkeit und beißender Ironie vorgegangen zu sein.

VON DEN SPRACHEN

Aufgrund des Sprachgesetzes vom 23. Januar 1844 wurde in Ungarn das Magyarische statt des Lateinischen zur Amts- und Unterrichtssprache erhoben. Dem Erlaß dieses Gesetzes ging ein langer Kampf voraus, der sich in Zeitungsaufsätzen und Flugschriften abspielte.

Diatriben: gelehrte Abhandlungen. – *debitiert:* österr. für abgesetzt. – *Attila:* kurzer, mit Schnüren besetzter Rock der ungarischen Nationaltracht.

PREUSSISCHE KONSTITUTION

König Friedrich Wilhelm IV. hatte im August 1844 in Wien Metternich davon unterrichtet. Vgl. dazu das Epigramm *Konstitutionswalzer*.

Bei seiner Thronbesteigung: am 7. Juni 1840. – *einen König von Hannover zu spielen:* die Verfassung zu brechen, wie es Ernst August, König von Hannover, Herzog von Cumberland, tat, als er am 1. November 1837 das Staatsgrundsetz von 1833 aufhob und die Professoren absetzte, die sich dagegen wandten unter Hinweis auf die Notwendigkeit eines Vorbilds für die studentische Jugend. („Göttinger Sieben": die Prof. Gervinus, Albrecht, Ewald, Dahlmann, Weber, Jacob und Wilhelm Grimm) – *Nihil novi in mundo:* Nichts Neues in der Welt. – *Prädikament:* Kategorie. – *„De moribus Germanorum":* Über die Sitten der Germanen.

ÜBER DIE AUFHEBUNG DER ZENSUR

Grillparzer beschäftigte sich früh mit der Zensur. Das bezeugt ein Gespräch mit Foglar aus dem Jahre 1844: „... im vierten Jahre [des juridischen Studiums] wäre ich bald bei der Prüfung verunglückt: unter anderen Fragen erhielt ich auch die, welche mich in der ganzen Politik am meisten interessierte – über die Zensur! Dabei geriet ich in solchen Eifer, daß ich plötzlich, wie von Sinnen, ungeschicktes Zeug zu reden anfing." (Gespr. III, 332, Nr. 897) – Ein weiterer Beleg stammt vom Sommer 1839 und findet sich in HKA II, 10, 289, Tgb.Nr. 3486: „Als Motto zur Abhandlung über die Zensur: ‚Ασσα δε σφι ποιεειν ουκ εξεστι, ταυτα ουδε λεγειν εξεστι.'" Herodot. I. 138. („Ferner, alles was sie nicht tun dürfen, das dürfen sie auch nicht reden." HKA II, 10, 444)

Invektiven: Schmähreden. – *Surrogat:* Ersatzmittel. – *zu Mietlingen und Lohnknechten:* Tagelöhner, vgl. Joh. 10, 12. – *Reinhold:* der Philosoph Karl Leonhard Reinhold (1758–1823).

DER KIRCHENSTAAT

E: 1846.

Erledigung: Papst Gregor XVI. war am 1. Juni 1846 gestorben. – *dem Könige von Neapel:* Ferdinand II. (1830–1859). – *Villeggiaturen:* Erholungsaufenthalte auf dem Lande. – *Romagna:* gehörte bis 1860 zum Kirchenstaat.

UNGARN UND DAS PALATINAT

Palatinat war ursprünglich das Gebiet des Palatins. In Ungarn war der Palatin ein im MA. vom König ernannter, seit 1437 von den Großen auf dem Reichstag gewählter Stellvertreter des Königs, der über den Parteien stand und das Protektorat der Nationalfreiheit führte. Das Palatinat war also eine Art Vizekönigtum.

Der Palatinus von Ungarn ist tot: Erzherzog Joseph Anton Johann (1776–1847). Er war Palatin seit 1795 und förderte den wirtschaftlichen Aufschwung Ungarns. Sein Sohn Erzherzog Stephan Viktor wurde sein Nachfolger. – *Erzherzog Franz Karl:* der jüngere Bruder des Kaisers Ferdinand. – *seine geistreiche Gemahlin:* Erzherzogin Sophie. – *ein jüngeres Glied:* Erzherzog Franz Joseph. – *Die Söhne des Erzherzogs:* die Erzherzöge Franz Joseph, Ferdinand Max, Karl Ludwig und Ludwig Viktor.

ÜBER DIE LEHRFREIHEIT

E: 1849?

verstorbener Monarch: Kaiser Franz. – *universitas scientiarum:* „Gesamtheit" der Wissenschaften. – *urgiert:* hervorgehoben. – *Polizei:* Kaiser Franz hatte die Polizeihofstelle gegründet und ließ die Lehrer an den Universitäten besonders streng überwachen.

CLEMENS HÜGEL, „ÜBER DENK-, REDE-, SCHRIFT- UND PRESSEFREIHEIT"

Gegen die 1845 in Österreich erschienene Denkschrift über den gegenwärtigen Zustand der Zensur, die auch Grillparzer unterzeichnete, schrieb Metternichs Vertrauter, der Direktor des Geheimen Haus-, Hof- und Staatsarchivs Clemens Hügel, *Über Denk-, Rede-, Schrift- und Preßfreiheit.* Die Schrift trägt zwar das Datum 15. Juli 1845, sie erschien aber erst Ende 1847.

Ichneumon: Schleichkatze in Nordafrika und Kleinasien, Raubtier. – *des hohen Gönners:* Metternichs.

AUFRUFE AUS DER REVOLUTIONSZEIT

Am 27. Juni 1848 sagte Grillparzer zu Foglar: „Überhaupt ist mir die ganze Revolution so durch die Finger gelaufen ... Ich habe wohl mehrere Aufsätze angefangen, aber ehe sie beendigt sind, überkommt mich der Ekel über unsere Zustände. So lange ich die Nationalgarde, statt mit gesenktem Haupte, stolz herumgehen sehe, als ob sie Heldentaten verübt hätte, kann ich mich nicht freuen." (Gespr. IV, 31, Nr. 951)

Nr. 1 entstand wahrscheinlich schon am 15. März 1848 oder kurz danach (13.–15. März 1848: Aufstand in Wien).

Nr. 2 wurde etwa am 19. März 1848 geschrieben.

Nr. 3 entstand nach den beiden Fassungen von Nr. 4, nach dem 8. Juli 1848 (Sturz des Ministeriums Pillersdorff).

Nach kurzem Stillstand: vom 15. März bis Mitte Mai. – *eines Brudervolkes:* Ungarns. Die Magyaren hatten ein selbständiges Ungarn begründet mit einem von der Wiener Regierung unabhängigen, nur ihrem Reichstag verantwortlichen Ministerium. – *anderer Teile der Monarchie:* Böhmen, Kroatien. – *Ihr setzt Minister ein und ab:* Das neue Ministerium wurde von Freiherr von Doblhoff gebildet, der die Leitung aber an Freiherrn von Wessenberg abtrat. – *Ligorianer:* 1732 von Alfons Maria von Liguori gestifteter Orden (Redemptoristen), der Anfang April aus Wien vertrieben wurde. – *daß der Kaiser zurückkehre:* die Zeitbestimmung: vor der Rückkehr des Kaisers aus Innsbruck nach Wien, d. h. vor dem 12. August 1848, die zur Datierung von Nr. 4 geführt hat, ist zu ungenau. In der 2. Fassung von Nr. 4 weist der Satz: „Sind diese Barrikaden zu euerm Schutze gebaut, so macht sie überflüssig indem ihr euch selbst auflöst", darauf hin, daß Nr. 4 vermutlich am 26./27. Mai 1848 geschrieben wurde. Die Barrikaden standen nämlich in Wien am 26. und 27. Mai, in der anschließenden Nacht wurden sie bereits wieder abgetragen. – *seiner gegenwärtigen Residenz:* Innsbruck. – *4 Privatleute mehr:* Kolowrat, Fiquelmont, Taaffe, Kübeck. – *in der gegebenen Verfassung:* Nach der Verfassung vom 25. April sollte der Reichstag aus zwei Kammern, aus einem Senat und aus einem Abgeordnetenhaus bestehen, dessen Abgeordnete vom Volk direkt gewählt werden sollten. Die provisorische Wahlordnung vom 11. Mai setzte indirekte Wahlen fest. Nach dem Volksprotest vom 15. Mai versprach Pillersdorff, das Wahlrecht abzuändern und einen bloß aus einer Kammer bestehenden konstituierenden Reichstag einzuberufen. Am 1. Juni wurde ein neues Wahlgesetz erlassen. – *gewaltsam entwaffnen wollen:* Pillersdorff löste am 23. Mai die akademische Legion auf. – *ihr habt widerstanden:* am 26. Mai durch den Bau der Barrikaden.

EHRENBÜRGER-DIPLOM DER STADT WIEN FÜR DEN GRAFEN RADETZKY

Das Ehrenbürgerrechtsdiplom, dessen Text von Grillparzer verfaßt wurde, ist vom 7. August 1848 datiert. Da seine Herstellung sehr lange dauerte, wurde es aber erst mit Schreiben vom 15. März 1849 übersandt.

Krieger- und Bürger-Ruhms: bezieht sich auf die Kämpfe in Italien im März 1848.

INSCHRIFT AUF DEM EHRENSÄBEL FÜR DEN GRAFEN RADETZKY

E: September 1848. – D: HKA I, 13, 212. – Grillparzer entwarf diese Inschrift für den Säbel, den der Verwaltungsrat der ehemaligen Nationalgarde an Radetzky übersandte. Die Inschrift wurde aber nicht verwendet.

ADRESSE DES VERWALTUNGSRATES DER EHEMALIGEN NATIONALGARDE AN DEN GRAFEN RADETZKY

Die von Grillparzer im September 1848 verfaßte Adresse wurde erst am 19. Mai 1849 in Mailand überreicht.

Adresse: feierliches Schreiben.

FREIHERR VON GAGERN

Heinrich von Gagern (1799–1880) trat im Frankfurter „Vorparlament", das am 30. März 1849 zusammentrat, für ein Deutschland ohne Österreich unter der Führung des Hauses Coburg ein. Vorkämpfer des preußischen Kaisertums.

Prädikamenten: Kategorien. – *den edlen Freiherrn:* Vgl. dazu das aus dem gleichen Jahr stammende Epigramm:

> „Edel nennt ihr den Freiherrn von Gagern,
> Ein großes Lob für jetzt und künftig,
> Doch macht er das einige Deutschland zum magern,
> So wollt ich, er wäre statt edel, vernünftig."
>
> (HKA I, 12, 210)

Sein unmittelbarer Nachfolger: der Prinz von Preußen, der spätere Kaiser Wilhelm I. – *die getäuschte äsopische Fabelfigur:* der Hund in der Fabel *De cane carnes portante.*

PROFESSOR PALACKY

Der tschechische Geschichtsschreiber und Politiker Franz Palacký (1798–1876) leitete 1848 den Slawenkongreß in Prag, auf dem die völlige Gleichberechtigung aller Nationen gefordert wurde, und war als Führer der Slawenpartei im österreichischen Reichstag. Am 23. Dezember 1849 veröffentlichte er in dem Prager *Národní Nowiny* den Aufsatz *Von der Centralisation und nationalen Gleichberechtigung in Österreich.*

Fürsten Liechtenstein: galt als der reichste Aristokrat Österreichs. – *ein Berliner Sprachgelehrter:* Jacob Grimm. – *auf eine böhmische Universität:* Seit 1848 wurden an der deutschen Universität Prag vereinzelt tschechische Vorlesungen gehalten.

TRINKSPRUCH AUF KAISER FRANZ JOSEPH I.

Dieser Trinkspruch wurde erstmals im *Wiener Fremdenblatt* Nr. 334 vom 2. Dezember 1888 veröffentlicht. Hier wird erzählt, Grillparzer habe den Spruch im Sommer 1851 während seines Kuraufenthalts in Bad Sliacs für einen ungarischen Gutsbesitzer geschrieben, der ihn zu einem Festdiner eingeladen hatte, das er zur Feier des kaiserlichen Geburtstags in seinem Schloß gab.

GEGEN DEN AUFSATZ: „WIEN IM JAHRE 1826 UND WIEN IM JAHRE 1853"

E: Nach dem 25. 3. 1853. – D: HKA I, 13, 220 f. – Am 18. 2. 1853 fand das Attentat Johann Libényis auf Kaiser Franz Joseph statt.

viele Gedichte ... das beste darunter: das Gedicht *Vision.* – *der Verfasser jenes Gedichtes auf Kaiser Franz:* Gemeint ist das Gedicht *Mein Vaterland.*

DAS MINISTERIUM ERZHERZOG RAINER

E: Nach dem 4. 2. 1861. – D: HKA I, 13, 222 f. – Das neue Kabinett unter dem Präsidium von Erzherzog Rainer, einem Vetter des Kaisers, trat am 4. 2. 1861 ins Amt.

Auskunft: Ausweg (vgl. DWB I, Sp. 898 f.). – *Minister Bruck:* Karl Ludwig Frhr. v. Bruck (1798–1860) hatte als Finanzminister am 21. 8. 1859 das Handelsministerium aufgelöst, das jetzt neu organisiert wurde.

ADRESSE DES HERRENHAUSES DES ÖSTERREICHISCHEN REICHSRATES AN KAISER FRANZ JOSEPH I.

E: Wahrscheinlich 23. oder 24. August 1861. Anlaß der Adresse ist eine Denkschrift des ungarischen Landtages an Kaiser Franz Joseph I. mit der Forderung nach Anerkennung der ungarischen Verfassung vom Jahre 1848: Da der Kaiser noch nicht gekrönt ist, wird er nicht als rechtmäßiger König anerkannt, seine Erlässe werden als ungesetzlich zurückgewiesen, seine Beamten als Feinde und Fremde betrachtet. Am 21. August wurde der Landtag aufgelöst; am 23. August wurde dem Herrenhaus diese Auflösung mitgeteilt. Am selben Tag beschloß man, eine Adresse des Herrenhauses dem Kaiser zu überreichen. In die Adreßkommission wurden neben Grillparzer gewählt: Anton Graf Auersperg (Anastasius Grün), Vinzenz Fürst Auersperg, Fürst Joseph Colloredo-Mannsfeld, Fürst Richard Metternich, J. O. Kardinal Rauscher und Fürst Hugo Salm.

BEMERKUNGEN ZU DER ADRESSE DES HERRENHAUSES

Es handelt sich um Notizen, die vermutlich von Grillparzer für die Rede des Berichterstatters Anastasius Grün während der Herrenhaussitzung niedergeschrieben wurden.

ADRESSE DES HERRENHAUSES DES ÖSTERREICHISCHEN REICHSRATES AN KAISERIN ELISABETH BEI IHRER RÜCKKEHR AUS MADEIRA

E: 15./16. September (nicht August! – wie es irrtümlich angegeben ist). Die Kaiserin war am 14. August 1862 von ihrer dritten Reise nach Madeira zurückgekehrt. In der 80. (außerordentlichen) Sitzung des Herrenhauses des Reichsrates am 17. September 1862 berichtete nämlich der Präsident über die Beglückwünschungsadresse, die um 2 Uhr nachmittags der Kaiserin überreicht worden war (vgl. HKA I, 13, 427 f.).

AUFRUF ZUR ERRICHTUNG EINES TEGETTHOFF-DENKMALS IN WIEN

Wilhelm Freiherr von Tegetthoff, der Sieger in der Seeschlacht bei Lissa (20. 7. 1866), war am 7. April 1871 gestorben. In Wien, Marburg und Pola wollte man ihm Denkmäler errichten. Grillparzer schrieb 1871 den Aufruf auf persönliches Ersuchen des Erzherzogs Ludwig.

FRAGMENTE

Dramatische Fragmente

Die zahlreichen dramatischen Fragmente und Skizzen aus den Jahren 1807–1869 sind im folgenden chronologisch angeordnet. Zieht sich Grillparzers Beschäftigung mit einem Stoff über mehrere Jahre hin, so werden die verschiedenen Entwürfe und Quellenauszüge zusammengefaßt und dort eingeordnet, wo der Dichter den Stoff zum letztenmal aufgreift. Als Textgrundlage dienten HKA II, 3 (Jugendwerke III), HKA II, 4 (Dramen und dramatische Fragmente aus den Jahren 1811 bis 1816) und HKA I, 8/9 (Dramatische Pläne und Bruchstücke seit 1816). Die Anmerkungen sind den Erläuterungen der HKA sowie der Dissertation von Helmut v. Wartburg: *Grillparzers dramatische Fragmente*, Basel 1945, dankbar verpflichtet.

TOTENGESPRÄCH

E: Bald nach dem 14. 10. 1806 (Schlacht bei Jena). – Grillparzer kannte die Form des Totengesprächs aus Wielands Lukianübersetzung und aus Wielands eigenen Nachahmungen. Einfluß der Aufklärungssatire, die in Österreich von Josef Richter, Joachim Perinet und Friedrich Frhr. v. der Trenck nachgeahmt wurde. Die Form des Totengesprächs verwendete Grillparzer Ende 1841 noch einmal in *Friedrich der Große und Lessing*.

Ulm und Austerlitz: 1805 Niederlage der Österreicher. – *dem friedfertigen Ludwig:* Ludwig XVI. – *Er wurde enthauptet:* in Paris 1793. – *Sieger bei Kollin:* Die Österreicher hatten dort 1757 Friedrich d. Großen besiegt. – *Wien ist erobert:* 1805 Besetzung durch die Franzosen. – *Que le diable emporte ce Napoleon...:* Der Teufel soll diesen Napoleon holen, wir sind das Opfer seines Zorns! Die verfluchten Schwerter der Preußen! Mein Kopf!

LUCRETIA CREINWILL

E: Die Niederschrift begann am 14. 5. 1807.

Quelle: Anregung durch die Übersetzung einer Biographie Cromwells von Gregorio Leti: *Historia, e memorie recondite sopra alla vita di Oliviero Cromvele, detto il tiranno senza vizi, il prencipe senza virtú. Scritta da Gregorio Leti. Amsterdamo 1692.* Es ist anzunehmen, daß Grillparzer seinen Stoff aus einer anonymen deutschen Bearbeitung geschöpft hat: *Oliver Cromwell, Protektor von England. Biographie nach Gregorio Leti und den besten gleichzeitigen Schriftstellern. Berlin 1794. In der Vossischen Buchhandlung.* – Lucretia Creinwill hatte den Bruder des Herzogs von Buckingham geliebt, den Cromwell in der Schlacht bei Needs tötete. Drei Jahre nach dem Tod des Geliebten beschloß Lucretia, durch ein Attentat auf Cromwell Rache zu nehmen. – Von den geplanten fünf Aufzügen ist eine Szene erhalten.

I,1 *Droghedas Sturm:* Die Erstürmung von Drogheda fand 1649 statt.
– *vernahmen:* wahrnahmen.

ROSAMUNDE KLIFFORD

E: Anfang 1808.

Quelle: *Allgemeine Weltgeschichte* von Gray und Guthrie, 40. Bd., S. 425–427. Außerdem Einfluß von Wielands Singspiel *Rosamunde.* – Rosamunde Clifford war eine Geliebte König Heinrichs II. von England. Sie wurde von dessen Gemahlin Eleonore in einem Labyrinth im Woodstocker Wald vergiftet.

Überlieferung: Erhalten sind der Eingangsmonolog und das vollständige Personenverzeichnis. Das Fragment zeigt Eleonore in Erwartung ihres Geliebten, des französischen Ritters Raoul von Blois.

DER ZAUBERWALD

E: Die Niederschrift des 1. Auftritts der *„komischen Oper in 3 Aufzügen nach Shakespeare (Sommernachtstraum)"* erfolgte am 27. 5. 1808.

Quellen: Vorbild und Anregung gaben die Zauberstücke und komischen Opern des Wiener Volkstheaters.
Neben die beiden Liebespaare von Shakespeares *Sommernachtstraum* fügte Grillparzer nach dem Muster der Wiener Volksbühne noch ein drittes, komisches Liebespaar hinzu (vgl. Hock, HKA II, 3, 281).

I,1 *Vorsicht:* Vorsehung.

SEELENGRÖSSE

E: Von dem geplanten Schauspiel in vier Aufzügen sind ein Personenverzeichnis, ein Schema zu den vier Akten und drei Auftritte des

I. Aufzugs erhalten. Grillparzer begann die Ausführung des Schauspiels am 28. 5. 1808.

Quellen: Grillparzer erhielt Anregungen durch die Lektüre von Molières *École des femmes* und *Misanthrope* sowie von Kotzebues *Graf von Burgund* und Ifflands *Vormund*. Der alte Marchese Guido Vercelli hat sich Gianettas, der Tochter des Grafen Antonio Roccaforte, der sein Vaterland verlassen muß, mit dem Versprechen späterer Heirat angenommen. Als sich Gianetta in den jungen Ritter Rinaldo Fiorini verliebt, steht der Marchese vor der Entscheidung, sein Versprechen zu brechen oder das Glück eines jungen Paares zu zerstören. Edelmütig verzichtet er auf das Mädchen zugunsten des jungen Bewerbers.

ROBERT, HERZOG VON DER NORMANDIE

E: Niederschrift vom 31. 5. 1808 bis etwa Ende September 1808. Etwa in der zweiten Hälfte Juli 1808 notierte Grillparzer ins Tagebuch: „Ich habe gewiß Anlage zur dramatischen Poesie; die beiden Akte aus Robert von der Normandie, sind, wie ich glaub nicht sehr übel gelungen, obschon noch einige harte Stellen darin sind." (HKA II, 7, 12, Tgb.NR. 20) – Nach dem 24. Oktober 1808 finden wir folgende Aufzeichnung: „Madame Roose ist tod, und mit ihr meine schönsten Hoffnungen. – Blanka von Kastilien kann nie aufgeführt werden, auch Robert nicht, und was weiß ich was alles!" (HKA II, 7, 18, Tgb.Nr. 33)

Quellen: Als Quellen dienten Grillparzer die *Allgemeine Weltgeschichte* von Gray und Guthrie, 40. Bd., S. 289 ff., und die *Geschichte Englands* von David Hume, Breslau und Leipzig 1767, S. 108 f. Weitere Anregungen erhielt er durch Schiller, Goethe (*Götz von Berlichingen*) und Shakespeare (*Richard III.*).

Geschichtlicher Hintergrund: Als Wilhelm der Eroberer im Jahre 1087 starb, bedachte er seinen ältesten Sohn Robert bloß mit der Normandie und der Provinz le Maine, Englands Krone bestimmte er aber seinem Lieblingssohn Wilhelm, der später den Beinamen „der Rote" erhielt. Schon 1096 verpfändete Robert sein Herzogtum an Wilhelm den Roten von England, um am ersten Kreuzzug teilnehmen zu können; bei der Einnahme von Antiochia und Jerusalem zeichnete er sich durch Tapferkeit aus. Unterdessen war in England eine wichtige Veränderung eingetreten: Wilhelm der Rote war im Jahre 1100 gestorben, und Roberts jüngster Bruder, Heinrich, hatte gegen alles Recht Besitz von der Krone Englands ergriffen. Nach seiner Rückkehr aus Palästina suchte Robert 1101 Heinrich vergeblich die Krone streitig zu machen, wurde am 28. 9. 1106 bei Tinchebray besiegt und bis zu seinem Tode (1134) in der Festung Cardiff in der Grafschaft Glamorgan gefangengehalten.

I,4   *den Eid . . . legte:* legte: ablegte.
I,5   *euer dritter Bruder:* es soll heißen: euer zweiter Bruder.
I,7   *Sibille:* Die Rolle der Sibille war für die Schauspielerin Betti Roose bestimmt.
II,3   *ehe noch die Sonne in ihr nasses Bette sich senkt:* poetisches Bild für Sonnenuntergang.
II,7   *wiegt:* wägt.
II,11 *Vorsicht:* Vorsehung. – *schnackisch Zeug:* unsinniges Gerede. – *Aigrette:* Federschmuck.
III,1 *Kuzen:* Kotzen, Kutzen, zottige Wolldecke, hier: Fell. Österr.-bayr. belegt (vgl. DWB V, Sp. 1901 f.). – *fränkisch:* französisch.

IRENENS WIEDERKEHR

E: Ende 1809. – Das Fragment steht vermutlich in Zusammenhang mit dem von Grillparzer und seinem 1810 verstorbenen Freund Mailler geplanten Journal *Irene.* „Er [Mailler] hatte lange meinen einzigen Zusammenhang mit der schönen Literatur gemacht. Wir wollten sogar einmal gemeinschaftlich ein belletristisches Journal ‚Irene' herausgeben, zu dem ich das gleichnamige Einleitungsgedicht schrieb, das mir abhanden gekommen ist. Die Zensurstelle, der wir die Probebogen handschriftlich vorlegten, versagte aber die Bewilligung zur Herausgabe, wobei sie wahrscheinlich sehr recht hatte." (*Selbstbiographie,* HKA I, 16, 91)

Quellen: Einfluß von Goethes *Pandoras Wiederkunft. Ein Festspiel,* Schillers *Lied von der Glocke* und *Würde der Frauen.*

Aufgang: Osten. – *Latonens Sohn:* Apoll. – *Bellonen:* Bellona: römische Kriegsgöttin. – *Weltenkönigin:* Sonne. – *in des schönen Bruders Arme:* in die Arme des Todes. – *Der Weinstock sprosset . . . kann ein fühlendes Herz mir nur geben!:* Vgl. das Gedicht *Das Mädchen im Frühling.*

SPARTAKUS

E: Obwohl Grillparzer in die Handschrift nachträglich „im Julius 1810" eingetragen hat, dürfte er mit der Arbeit am *Spartakus* etwa Mitte 1811 begonnen haben. 1812 heißt es im Tagebuch: „Mit einer eigenen unendlich traurigen Empfindung denke ich der Pläne, die ich einst in besseren Tagen machte. Wenn ich mir jetzt die Idee die mich bei der Ausarbeitung des Spartakus begeisterte bedenke, so schaudre ich, und es ist mir kaum begreiflich sie je gehabt zu haben." (HKA II, 7, 71, Tgb.Nr. 144) – Mit zahlreichen anderen Jugendplänen steht

Spartakus im Stoffverzeichnis des Jahres 1817 (vgl. HKA II, 7, 112, Tgb.Nr. 244). 1819 übernahm Grillparzer den Plan in seinen Dramenzyklus *Die letzten Römer* (vgl. HKA II, 7, 251, Tgb.Nr. 644). In dem Stoffverzeichnis des Jahres 1826 wird der Plan zum letztenmal erwähnt (vgl. HKA II, 8, 245, Tgb.Nr. 1552).

Quellen: Die Kenntnis des Stoffes dürfte Grillparzer durch die Darstellung des Plutarch in der Biographie des Crassus, Kap. 8–11, und A. G. Meißners *Spartakus*, Berlin 1793, vermittelt worden sein.

Geschichtlicher Hintergrund: Der trakische Gladiator Spartakus entfloh 73 v. Chr. mit 70 Fechtern aus einer Gladiatorenschule in Capua. Durch Zulauf von Sklaven verstärkt, besiegte Spartakus die römischen Legionen am Vesuv und hielt ganz Kampanien in seiner Gewalt. Da er seine Truppen in ihre Heimat, Thrakien und Gallien, zurückführen wollte, drang er bis Oberitalien vor und verheerte mit etwa 70 000 Mann das ganze Land. M. Licinius Crassus drängte jedoch Spartakus nach Süditalien zurück (72 v. Chr.); in der Entscheidungsschlacht in Lukanien (71 v. Chr.) fand Spartakus mit dem größten Teil seines Heeres den Tod.

Publipor: Publii puer, Sklave des Publius. – *Karibde:* Charybdis, Meeresstrudel in der Meerenge von Messina gegenüber der Skylla, der dreimal täglich die Flut hinabschlürfte und wieder aussprudelte. – *Orkus:* Unterwelt. – *Unbild:* Unbill, aus der älteren Sprache im Dialekt erhalten. – *Myrtill, Damötas:* Schäfernamen. – *Omphale:* in der griech. Mythologie lydische Königin, der Herakles wegen der Ermordung des Iphitos, des Sohnes des Königs von Ochalia, Dienste leistete. Bei seinem dreijährigen Sühnedienst verrichtete er Frauenarbeit und spann Wolle, während Omphale sein Löwenfell und seine Keule trug. – *doch dieser neue ...:* neu: unerfahren. – *Byssus:* sehr kostbares, feinfädiges und zartes Gewebe aus Seide, Muschelseide und Flachs. – *nur:* erst. – *Falernerwein:* berühmter Wein des Ager Falernus im nordwestlichen Kampanien.

PSYCHE

E: Das *Psyche*-Fragment, das in engem Zusammenhang mit *Irenens Wiederkehr* steht, entstand im Sommer oder Herbst 1811.

Quellen: Das Märchen *Amor und Psyche* aus dem *Goldenen Esel* des Apuleius (in einer Übersetzung von Auguste Rode, Berlin 1780–1791) und Hederichs *Lexicon mythologicon*, Leipzig 1770.

I,1 *Leda:* Zeus vermählte sich mit ihr, indem er die Gestalt eines Schwans annahm, und Leda legte ihm zwei Eier, aus denen Helena und die Dioskuren Kastor und Polydeukes hervorgingen.

ALFRED DER GROSSE

E: Auf dem Titelblatt des Bruchstücks steht die später gestrichene fingierte Bemerkung: „Aus dem Englischen. 1810." Der Beginn der Niederschrift fällt jedoch in das Jahr 1812 (am 18. 3. 1812 trat Grillparzer eine Hauslehrerstelle im Hause des Grafen von Seilern an): „Eben so mußte ich auf alle meine poetischen und dramatischen Brouillons, von denen ich mich doch nicht ganz losgemacht hatte, oben an setzen: aus dem Englischen oder Französischen übersetzt, damit sie als Sprachübungen gelten könnten, da jedes Zeichen eines eignen poetischen Talentes den alten Grafen in seiner Meinung, daß ich ein Jakobiner sei, bestärkt haben würde. Ich setze das hierher, damit nach meinem Tode derjenige, dem mein schriftlicher Nachlaß in die Hände gerät, sich nicht etwa fruchtlose Mühe gebe die Originale zu diesen angeblichen Übersetzungen aufzufinden." (*Selbstbiographie*, HKA I, 16, 107). – Der Stoff steht noch im Verzeichnis von 1817 (vgl. HKA II, 7, 112, Tgb.Nr. 244), aber nicht mehr in dem von 1826 (vgl. HKA II, 8, 245, Tgb.Nr. 1552). Insgesamt sind drei Entwürfe des Bruchstücks erhalten. Der erste Entwurf umfaßt zwei Akte.

Quellen: Die historischen Kenntnisse zu *Alfred* entnahm Grillparzer der *Geschichte Englands* von David Hume und der *Allgemeinen Weltgeschichte* von Gray und Guthrie. Der Dichter will jedoch nicht so sehr die einzelnen geschichtlichen Tatsachen vergegenwärtigen, sondern beabsichtigt, ein Spiegelbild seiner eigenen Zeit zu geben. Einige Personen können mit ziemlicher Genauigkeit identifiziert werden (vgl. Maria Steiger: *Grillparzers Alfred der Große und die Zeitgeschichte,* in *Euphorion,* Bd. 17, Jg. 1910, S. 149 ff.).

Erster Entwurf:
I *Walter Bub:* heißt später Walter Bold. – *nahm:* benahm. – *stercus sanctum:* heiliger Mist. – *Jubal:* In der Bibel ist er der Erfinder der Musik (1. Mos. 4, 21). – *Dulce et decorum est pro patria mori:* Horaz, Od. III, 2, 13: „Es ist süß und ehrenvoll, für das Vaterland zu sterben." – *mit unverseh'nem Schwung:* unversehen: plötzlich. – *nicht muchsen:* keinen Laut von sich geben (vgl. DWB VI, Sp. 2604). – *durchgestört:* durchgestöbert. – *Nerve:* Muskel.
II *überwogen:* schwerer waren. – *hungern:* hier: hungrig sein.

Zweiter Entwurf:
Dug: mit Bob vom ersten Entwurf gleichzusetzen.

DIE GROSSEN UND DIE KLEINEN

E: Anlaß waren persönliche Erlebnisse während der Hauslehrertätigkeit Grillparzers bei dem Grafen von Seilern. Der erste und zweite Entwurf entstanden etwa im Herbst 1812; der dritte wurde erst 1822 niedergeschrieben.

Erster Entwurf: *durchziehen:* verspotten.
Dritter Entwurf: *esprit fort:* Freigeist.

DIE PAZZI

E: Die Beschäftigung mit dem Stoff fällt vor allem in die Jahre 1811/12, jedoch heißt es 1819 im Tagebuch: „Es müßten sich dramatische Stoffe die Fülle finden, wenn man die menschlichen Leidenschaften und Fehler der Reihe nach durchgienge. Der Neid, Judas. – Selbstvertrauen, Gyges. Hypochondrische Scheelsucht, Saul. – Selbstquälender Ehrgeiz, Franz Pazzi." (HKA II, 7, 241, Tgb.Nr. 621) – Der Plan steht noch auf der Stoffliste von 1826 (vgl. HKA II, 8, 245, Tgb.Nr. 1552). – Die Ausführung des Trauerspiels wurde am 17. 12. 1812 begonnen. Von den fünf vorhandenen Entwürfen ist der vierte der ausführlichste und bringt einen großen Teil des geplanten 1. Aktes des Trauerspiels.

Quellen:
1. *Allgemeine Weltgeschichte* von Gray und Guthrie, 27. Bd., Brünn 1787, S. 11.
2. *Des Herrn Duport du Tertre Geschichte der sowohl alten als neuern Verschwörungen, Meutereyen, und merkwürdigen Revolutionen.* Aus dem Französischen übersetzt. Breslau 1765.
3. William Roscoes *The Life of Lorenzo de' Medici called the Magnificent,* MDCCXCIX.

Geschichtlicher Hintergrund: Das ghibellinische florentinische Patriziergeschlecht Pazzi fand seinen Untergang in einer gegen die Medici angezettelten Verschwörung. Francesco Pazzi, ein früherer Freund der Medici, dann aber eifersüchtig auf deren Ansehen und von ihnen gekränkt, plante 1478 im Einverständnis mit Girolamo Riario, einem Neffen des Papstes Sixtus IV., und dem Erzbischof von Pisa ein Unternehmen gegen die Medici. Nachdem der ursprüngliche Plan, die Medici bei einem Gastmahl zu ermorden, gescheitert war, beschloß man, sie am 26. 4. 1478 im Dom während der Messe zu erdolchen. Giuliano Medici wurde von Francesco Pazzi getötet, sein Bruder Lorenzo, der Stadtherr von Florenz, aber nur leicht verwundet. Darauf versuchte man vergeblich, das Volk aufzuwiegeln. Die Bürgerschaft erhob sich zugunsten der Medici und schlug die Verschworenen nieder. Der Erzbischof von Pisa und Francesco Pazzi wurden aus den Fenstern des Stadtpalastes hinausgeworfen. Jacopo und Renato Pazzi auf der Flucht gefangengenommen und anschließend gehenkt. Nur Guglielmo Pazzi kam mit dem Leben davon.

Vierter Entwurf:
I *Gonfalonier:* Bannerherr. – *Signoria:* seit 1293 der leitende Rat im republikanischen Florenz. – *schrotet:* schiebt. – *das Gift der lernäischen Schlange:* In der griech. Mythologie ist die lernäische Schlange ein riesiges, neunköpfiges Seeungeheuer in den Lernäischen Sümpfen südlich von Argos. Da ihr für jeden abgeschlagenen Kopf zwei neue wuchsen, konnte Herakles sie erst bewältigen, als sein Gefährte Iolaos die Halsstümpfe mit Holzscheiten ausbrannte.

FAUST

Die entscheidende Anregung zu dem Stoff erhielt Grillparzer durch die Lektüre von Goethes *Faust* im Jahre 1810: „Ich las Fausten. Er frappierte mich, meine Seele war seltsam bewegt, doch wagte ich kein Urtheil zu fällen, da dieses Drama so unermeßlich von der als einzig gut gedachten Form eines infalliblen Schiller ganz abwich... Doch eine zweite Lesung war hinreichend alle Vorurteile zu zerstören. Fausts schwermüthige und doch kraftvolle Züge, Margarethens reine, himmlische Engelsgestalt gleiteten an meinem trunkenen Auge vorüber, der kühne interessante Mann, in dem ich so oft mich selbst wiederfand, oder doch wiederzufinden glaubte setzte meine Fantasie in Flammen, riß meine Seele auf immer von Schillers rohen, grotesken Skizzen weg und entschied meine Liebe für Goethen." (HKA II, 7, 50 f., Tgb.Nr. 92) – Der erste Entwurf ist Anfang Februar 1812, der zweite, die eigentliche Ausführung des Faustplanes, Anfang 1813 entstanden. Der dritte Entwurf wurde 1822 niedergeschrieben. – Das Selbstbekenntnis des Dichters nimmt einen breiten Raum ein.

HEINRICH DER VIERTE

E: Die Niederschrift dieser Lustspielszenen wurde am 3. 9. 1813 begonnen. Noch 1817 führte Grillparzer *Heinrich IV.* unter den „eigenen tragischen Stoffen" an (vgl. HKA II, 7, 112, Tgb.Nr. 244).

Quellen: Die Grundzüge der historischen Schilderung entnahm Grillparzer aus der *Allgemeinen Weltgeschichte* von Gray und Guthrie, 32. Bd. Weitere Anregungen erhielt er durch *Gabriele d'Estrée*, Singspiel in 3 Aufzügen, Wien 1807 (die von Th. Treitschke besorgte

Bearbeitung der gleichnamigen Oper von Méhul), durch Voltaires *Henriade* und Shakespares *King Henry the Fourth*.

I,2 *Bearn:* ehemaliges Fürstentum in Südfrankreich. Seit 1484 gehörte es dem Hause d'Albret, dem die Mutter Heinrichs IV. ent-
stammte. Durch Heinrich fiel es dann an Frankreich.

I,3 *schauderlich:* schauderhaft (vgl. DWB VIII, Sp. 2306).

I,5 *Kompostel:* Santiago de Compostela, Hauptstadt von Galicien.
Vgl. *Blanka von Kastilien* II, 2 und *Weh dem, der lügt!* I. –
Witz: Schlauheit.

I,6 *hofieren:* hier: die Notdurft verrichten (vgl. Pauls WB, 319 f.).

I,10 *mustern:* nach einem Vorbild formen.

SCYLLA

Sage: Skylla, die Tochter des Königs Nisos von Megara, verliebte
sich in König Minos, der ihre Vaterstadt Megara belagerte. Nisos war
unsterblich, solange er seine purpurne Locke auf dem Haupt trug.
Während er schlief, schnitt ihm Skylla die Locke ab, so daß er starb
und die Stadt erobert wurde. Minos aber lohnte ihr die Tat nicht. Er
hielt zwar das Versprechen, sie mitzunehmen, aber er band sie außen
an sein Schiff und schleifte sie durchs Meer.

E: Die Niederschrift der Bruchstücke 1 und 2 erfolgte im Herbst
1812, die des dritten Fragments Anfang 1815.

Quellen: Ovids *Metamorphosen,* VIII. Buch, Hederichs *Lexicon
mythologicon* und die Bearbeitung von Meißner in der 6. Sammlung
seiner *Skizzen.*

1. Bruchstück: *des Geschlechtes:* des weiblichen Geschlechtes.
2. Bruchstück: *Rhode:* wahrscheinlich identisch mit Mirto im ersten
Entwurf.

FRIEDRICH DER STREITBARE

E: Schon im Jahre 1809 schrieb Grillparzer in sein Tagebuch: „Ich
will ein historisches Schauspiel schreiben: Friedrich der Streitbare,
Herzog von Östreich." (HKA II, 7, 31, Tgb.Nr. 67) – Vielleicht gehört ein kurzer Auszug aus Gregor Hagens *Chronicon Austriacum* in
das gleiche Jahr. 1815 entstanden die *Friedrich der Streitbare* über-
schriebenen Gedichtfragmente sowie umfangreiche Auszüge aus
J. v. Hormayrs *Österreichischem Plutarch,* 20. Bd., und K. W. F.
Funcks *Geschichte Kaiser Friedrichs des Zweiten* (in HKA mit [2] be-
zeichnet). Im gleichen Jahr erfolgte die Niederschrift des eigentlichen

Entwurfs (in HKA: [3]) und der Beginn der Ausführung (in HKA: [4, 5]). Der Dichter erwähnte nochmals den Stoff 1817 (vgl. HKA II, 7, 112, Tgb.Nr. 244) und 1819: „Dort taucht Wiener Neustadt auf mit seinen 2 schwarzen Thürmen. Diese wahrhaft gute und getreue Stadt der Östreicher. In diesen weiten Ebenen, von Bergen umkränzt, über die der greise Schneeberg herübersieht, wie ein Ahnherr über seine Enkel, hier lagerte Kaiser Friedrichs Belagerungsheer, hier die Macht feindlicher Ungarn – Friedrich [der] Streitbare Andreas Baumkircher." (HKA II, 7, 149, Tgb.Nr. 335) – Anfang der zwanziger Jahre schrieb er einen zweiten Entwurf (in HKA: [6]), um sich eine Gedächtnisstütze für eine künftige Vollendung der Ausführung des Planes zu schaffen. *Friedrich der Streitbare* steht zwar noch im Stoffverzeichnis von 1826 (vgl. HKA II, 8, 245, Tgb.Nr. 1552), die Aussicht auf eine Vollendung war jedoch nach dem Erscheinen des vielfach verwandten Trauerspiels *König Ottokars Glück und Ende* (1825) sehr gering.

Quellen:
1. Josef von Hormayr: *Österreichischer Plutarch*, 20. Bd., S. 74–212.
2. J. v. Kalchberg: *Historische Skitzen*. Wien 1800.
3. K. W. F. Funck: *Geschichte Kaiser Friedrichs des Zweiten*. Züllichau und Freystadt 1792.

Geschichtlicher Hintergrund: Im Mai 1232 fand eine Zusammenkunft zwischen Kaiser Friedrich II. und Herzog Friedrich (1211–1246) in Portenau statt. Ihr Hauptzweck war, eine Versöhnung zwischen dem römischen König Heinrich VII. (Sohn des Kaisers) und seinem Schwager Friedrich von Österreich herbeizuführen. Der Streit zwischen den Schwägern war entbrannt, weil sich Herzog Friedrich weigerte, die Mitgift seiner Schwester Margarete an Heinrich auszuzahlen. Er überzeugte den Kaiser von seiner Zahlungsunfähigkeit, da seine Mittel durch die eben geglückte Niederwerfung eines gefährlichen Ministerialenaufstandes (Kuenringer) in Österreich und durch einen Krieg mit Böhmen vollkommen erschöpft waren. Friedrich II. bezahlte darum vorläufig selbst die Mitgift.

Ende Mai 1235 fand ein erneutes Treffen im steirischen Ort Neumarkt statt. Damals befand sich der Kaiser auf dem Weg, seinen Sohn Heinrich zu strafen, der sich gegen den Vater empört hatte und ein Bündnis mit den italienischen Reichsfeinden eingegangen war. Herzog Friedrich ergriff zeitweilig die Partei seines Schwagers und führte eine überaus selbständige und Kaiser Friedrich II. gegenüber feindselige Politik.

Aufgrund der Klagen des von Friedrich dem Streitbaren unterdrückten weltlichen und geistlichen Adels und der Beschwerden der Herzöge von Böhmen und Bayern ächtete der Kaiser den Babenberger unter öffentlicher Bekanntgabe eines langen Sündenregisters im Juni 1236 und erklärte ihn seiner Länder verlustig.

Bald versöhnte sich aber Herzog Friedrich mit dem Kaiser und erhielt seine Länder wieder, als Friedrich II. am 20. 3. 1239 von Gregor IX. mit dem Bann belegt wurde. 1241 zog er den Ungarn gegen
die Mongolen zu Hilfe, 1246 besiegte er Herzog Ulrich von Kärnten,
der ein böhmisches Heer nach Österreich führte, fiel aber am
15. 6. 1246 im siegreichen Kampf gegen König Bela von Ungarn.

[2] *Karroccio:* Panierwagen.
[3] *Unbild:* Unbill.
[5] *gründet:* „gründen" hat hier die Bedeutung von: auf den Grund
    kommen, ergründen.
[6] *eine Verwandte des Eberstein:* Verwechslung mit dem Bischof Ek-
    bert von Bamberg, einem Vorgänger des Grafen Eberstein in der
    Statthalterschaft, der ein Oheim der Herzogin Agnes war.

DIE AMAZONE

E: Erste Fassung: Sommer 1811. – Zweite Fassung: Anfang 1816.

Erste Fassung:
I,1 *das Posthorn:* Satire auf die Romantik.
Zweite Fassung:
I,2 *Rips:* vielleicht identisch mit Ludwig, dem Begleiter des Barons in
     der 1. Fassung.

ROSAMUNDE

E: Die Niederschrift des Bruchstücks erfolgte Ende Mai 1817. Rosamunde läßt ihren Gatten Alboin töten, weil er ihren Vater erschlagen
und dessen Hirnschale als Becher benutzt hat.

Quellen:
1. Paulus Diaconus: *De gestis Langobardorum, liber secundus,* Kap. 28.
2. Carlo Denina: *Delle revoluzione d'Italia ventiquattro.* Torino 1769.

ULYSSES

Das Fragment wurde im Frühjahr 1817 niedergeschrieben und war
vermutlich als Operntext für Konradin Kreutzer geplant. Grillparzer
kannte wahrscheinlich Calieróns Stück *Über allen Zauber Liebe,* eine
dramatische Bearbeitung der Ulysses-Sage.

MELUSINA. KINDERBALLETT

Das „Kinderballett" wurde im August und September 1817 nieder-geschrieben. Vgl. Anm. zu der „romantischen Oper" *Melusina.*

KUNSTGESPRÄCH

E: Vermutlich unmittelbar nach der Uraufführung des *Goldenen Vließes* am 26./27. 3. 1821. – Gegen die Kritiken an der Trilogie ge-richtet.

kolossale Figur: vielleicht auf Medea zu beziehen.

DAS PRIUS

E: 1821. – Dramatische Fragmente. In der Amtssprache ist ein *Pri-us* der Entwurf eines Aktenstückes, ein Vorakt. *Das Prius* ist „im eng-sten Wortverstande eine autobiographische Satire" (HKA I, 8/9, 300). Zugleich ist es aber auch eine Satire auf das Beamtentum.

Sauerbrunn: Hofrat Eger (vgl. das Epigramm *Zu Neubecks Ge-sundbrunnen). – Wilhelm Esel:* Hofrat Fuljod, Grillparzers Vorge-setzter bei der Hofkammer (vgl. das Epigramm *Herr Eißel). – Re-gistrator Ka, seine Frau* und *Katharina* stellen die Familie Fröhlich dar. – *Adam Fixlmüllner:* ironisierende Selbstspiegelung Grillpar-zers. – *de dato 2ᵗ April 1642:* Die Erledigung des Aktes erfolgte genau ein Jahr später *(de dato 2ᵗ April 1643). – Camerale, Faszikel:* Hofkammer, Ordner. – *Präsidial Approbation:* Bestätigung durch das Präsidium. – *Kotzebueischen Familiengemälde:* Kotzebue ver-faßte über 200 rührselig-sentimentale, bürgerlich-moralische Thea-terstücke. – *da schreib ich nun in den Registraturbogen den zweiten Vers meines Trostgedichtes . . .:* Verschiedene Dokumente bezeugen, daß sich Grillparzer während seiner Amtszeit gerne mit poetischen Arbeiten beschäftigte. Vgl. dazu Gespr. VI, 240, Nr. 1494 zu Lud-wig Goldhann: „Als ich in Ihren Jahren war, diente ich als kleiner Beamter bei der Hofkammer. Und eben damals machte ich meine besten Sachen, und zwar gerade in meinem Bureau. Da hatt' ich nun freilich auf meinem Tische die Kameralakten liegen, aber drüber ein paar Bogen Papier, auf die ich meine Verse schrieb. Hörte ich nun draußen manchmal die Türe knarren, aus welcher der Herr Chef kam, um bei mir nachzuschauen – flugs ins Ladel mit der Sappho und eifrig in den Akten studiert!"

HANNIBAL

E: Die Szene wurde im August 1822 niedergeschrieben und im März/April 1838 Friedrich Witthauer vorgelegt. Im Januar 1869 trug Grillparzer die Verse 177–182 nach. Sowohl in Briefen als auch in Gesprächen hob der Dichter mehrmals das zufällige Entstehen dieser Szene hervor, zu der er durch die Lektüre von Plutarch angeregt worden war. Er betonte ferner, daß er niemals beabsichtigt habe, ein derartiges Trauerspiel zu schreiben (vgl. dazu das Epigramm *An Wien*).

Quellen:
1. Plutarchs *Vitae parallelae.*
2. Livius' *Ab Urbe condita,* Buch 30.

Überlieferung: Der Erstdruck des Fragments erfolgte unter dem Titel *Szene aus einem unvollendeten Trauerspiele* in: *Album. Unter Mitwirkung vaterländischer Schriftsteller zum Besten der Verunglückten in Pesth und Ofen hrsg. von Friedr. Witthauer. Wien 1838.* Unter dem Titel *Hannibal und Scipio. Scene aus einem unvollendeten Trauerspiele* wurde es in dem 1850 in Wien erschienenen *Album österreichischer Dichter* veröffentlicht. Bei beiden Abdrucken fehlen die später hinzugefügten Schlußverse 177–182. – Die Uraufführung fand am 21. 2. 1869 im Rahmen einer Akademie zur Beschaffung der Mittel für ein Schillerdenkmal statt. Vgl. dazu auch das Epigramm *Tun sich des Theaters Pforten* und Grillparzers Gespräch mit Auguste von Littrow-Bischoff vom Januar 1869 (Gespr. Nr. 1217).

Mago: Bruder Hannibals, hier aber ein Unterfeldherr mit dem gleichen Namen. – *Varro:* Terentius Varro, einer der beiden Konsuln, die am 2. 8. 216 v. Chr. bei Cannae besiegt wurden. – *Scipio:* Publius Cornelius Scipio Africanus übernahm als Prokonsul 211 den Oberbefehl über Spanien. – *Fabius:* Quintus Fabius Maximus Verrucosus mit dem Beinamen Cunctator (= Zauderer) wegen seiner vorsichtigen Kriegsführung. Während des 2. Punischen Krieges wurde er nach der Niederlage am Trasimenischen See (217 v. Chr.) zum Diktator ernannt. – *Trasimen:* Niederlage Roms am Trasimenischen See im Jahre 217 v. Chr. – *Asdrubal:* Hannibals Bruder; starb 207 v. Chr. in der Schlacht bei Sena (Umbrien). – *Hastaten:* erste Schlachtreihe des röm. Fußvolkes. – *Posthumius:* röm. Diktator im 5. Jh. v. Chr. – *Kamillus:* Marcus Furius Camillus, Held der röm. Republik. Nachdem die Gallier unter Brennus Rom zerstört hatten (387 v. Chr.), soll Camillus den Feinden das Lösegeld abgenommen und sie vernichtet haben. – *am Ticin:* Nach einem raschen Zug über Pyrenäen und Alpen errang Hannibal 218 v. Chr. am Ticinus den ersten Sieg über die Römer.

DIE LETZTEN KÖNIGE VON JUDA

E: In den Jahren 1821–1823 entstanden zahlreiche Aufzeichnungen und Quellenauszüge. Zum erstenmal wird der Stoff im August 1821 erwähnt (vgl. HKA II, 7, 299, Tgb.Nr. 792 und 793). Im Herbst 1821 schrieb Grillparzer zwei ausführliche Skizzen zum Herodes-Drama nieder. Im Mai/Juni 1822 entstanden wiederum zwei Notizen, aus denen vielleicht das Vorspiel des Dramas erwachsen wäre: Die Kämpfe um die Thronfolge zwischen Hyrkan und Aristobul hätten einen großen Teil der Handlung gebildet, die mit der Unterwerfung des Siegers unter die römische Herrschaft geendet hätte. Die zweite Aufzeichnung wurde Ende 1822 / Anfang 1823 vollendet. Ebenfalls Ende 1822 / Anfang 1823 sind der Entwurf zu den beiden Anfangsszenen des ersten Aktes und das Personenverzeichnis des Trauerspiels zu datieren. – Der Plan wird dann im Sommer 1823 in den „Kollektaneen v. J. 1822" nochmals erwogen; zum letztenmal erscheint der Titel *Die letzten Könige von Juda (Herodes Mariamne)* im Stoffverzeichnis von 1826 (vgl. HKA II, 8, 245, Tgb.Nr. 1552). – Der Titel sollte auf den Untergang des Stammes hindeuten. Grillparzer wollte keine eigentliche Eifersuchtstragödie, sondern vielmehr ein Stück mit politischem Hintergrund schreiben. Drei Handlungs- und Motivkomplexe treten in den Aufzeichnungen deutlich hervor:
1. Das Verhältnis Herodes – Mariamne.
2. Der Thronstreit zwischen Hyrkan und Aristobul.
3. Der kulturelle Gegensatz zwischen Hellenismus und Judentum.
Der Dichter ließ aber den Plan wieder fallen, weil er keinen befriedigenden Abschluß fand.

Quellen:
1. Gray und Guthrie: *Allgemeine Weltgeschichte*, 3. Bd.
2. Voltaire: *Histoire de l'établissement du Christianisme.* 1777.
3. Josephus Flavius: *Jüdische Altertümer* und *Der jüdische Krieg.*
4. Bellermann: *Geschichtliche Nachrichten über Essäer und Therapeuten.* Berlin 1821.
5. Basnage: *L'histoire et la réligion des Juifs.* Rotterdam 1707.

DRAHOMIRA

E: Der erste Entwurf wurde Ende 1812 niedergeschrieben. Ende 1814 / Anfang 1815 entstanden die Fragmente der zweiten Fassung, die vielfach strophischen Bau aufweisen, 1815/1816 diejenigen der dritten Fassung. Der Plan zur *Drahomira* steht noch auf den Stoffverzeichnissen von 1817 und 1826 (vgl. HKA II, 7, 112, Tgb.Nr. 244 und HKA II, 8, 245, Tgb.Nr. 1552). In den Jahren 1823 und 1824 hatte Grillparzer die Absicht, den Stoff zu einer Oper für Beethoven

auszuarbeiten, doch ließ er dann diesen Plan fallen und schrieb statt
dessen für Beethoven das Opernlibretto *Melusina*: „Unter den dramatischen Stoffen, die ich mir zu künftiger Bearbeitung aufgezeichnet
hatte, befanden sich zwei, die allenfalls eine opernmäßige Behandlung
zuzulassen schienen. Der eine *Drahomira* bewegte sich in dem Gebiete
der gesteigertsten Leidenschaft. Aber nebstdem, daß ich keine Sängerin
wußte, die der Hauptrolle gewachsen wäre, wollte ich auch nicht
Beethoven Anlaß geben, den äußersten Grenzen der Musik, die ohnehin
schon wie Abstürze drohend so lagen, durch einen halb diabolischen
Stoff verleitet, noch näher zu treten.“ (*Meine Erinnerungen an Beethoven*, HKA I, 16, 32) – Die endgültige Ausführung des Planes kam
wegen der Arbeit am *Goldenen Vließ* und an *Libussa* nicht zustande.

Quellen:
1. Pubitschka: *Chronologische Geschichte Böhmens, unter den ersten christlichen Herzogen.* Leipzig und Prag 1771.
2. Hájek: *Chronicon Bohemicum.*
   In der Gestaltung des Mythisch-Zauberhaften macht sich der Einfluß von Zacharias Werner, Clemens Brentano und der Wiener Volksbühne bemerkbar.

Dritte Fassung:
4. Entwurf:
   Erster Akt: Auf der Handschrift steht der später nachgetragene Zu-
satz Grillparzers: „Eine der frühesten Arbeiten, etwa 1809 oder
1810.“ – *kehren:* wiederkehren. – *sprichst du an der Väter Recht:*
beanspruchst.

DER MAGIER

E: 1824. – In Voltaires *Zadig* sind *Magier* mächtige, aber gewis-
senlose babylonische Priester. Dort tritt auch *Zoroaster* auf, der
altiranische Religionsstifter: In seiner Heilslehre zerfällt das All in
zwei feindliche Welten, die von den zwei feindlichen Urwesen, dem
„Guten Geist“ und dem „Bösen Geist“, ausgehen.

Ζευ ...: „Zeus ruhmvollster und größter der Götter, der du bedeckt
bist mit dem Mist der Schafe, Pferde und Maulesel.“ (G. Wilhelm) –
Zeus von Phidias: Zeus' berühmtestes antikes Standbild in Olympia.

DER ZAUBERFLÖTE ZWEITER TEIL

E: Ende April 1826. – Grillparzers *Zauberflöte* ist eine Satire gegen das Regierungssystem des österreichischen Vormärz und insbeson-

dere gegen Metternich. In der Nacht vom 18./19. 4. 1826 wurde der gesellige Verein „Die Ludlamshöhle" durch den Polizeipräsidenten Persa aufgelöst. Bei allen Mitgliedern, auch bei Grillparzer, wurden Hausdurchsuchungen vorgenommen. Die Parodierung von Mozarts *Zauberflöte* war offenbar zur Aufführung im Kreis der Ludlamiten bestimmt, da sie mehrere Anspielungen auf einzelne Persönlichkeiten des Vereins enthält. Zahlreiche wörtliche Entlehnungen aus Mozarts Oper.

Sarastro: der Hofschauspieler Carl Schwarz; als Oberhaupt der Ludlamiten (*der Eingeweihten*) trug er den Titel „Kalif". Seine Rauchsucht wird an mehreren Stellen verspottet. – *Monostatos:* der Mohr in Mozarts *Zauberflöte;* hier ist Metternich gemeint, der in zeitgenössischen Pamphleten oft „Fürst Mitternacht" genannt wurde. – *die Königin der Nacht:* Sarastros Feindin, die nach dem Besitz des geheimnisvollen Machtsymbols strebt; sie verhält sich wie Franz I. – *Abhub:* übriggebliebene Speisereste. – *Rot und schwarze Hunde:* Der Wahlspruch der Ludlamiten lautete: „Rot ist schwarz und schwarz ist rot." Die Wahl der Farben ging auf einen Spitznamen des „Kalifen" zurück, der u. a. „der rote Mohr" genannt wurde (s. das Prosafragment *Schreiben des jungen Tomes Dikson*). Bei einem der stets festlich begangenen Geburtstage des Kalifen waren das Tischtuch, die Servietten, die Eßbestecke und alle Speisen schwarz und rot. – *Tempel der Weisheit:* Sarastros Reich in Mozarts *Zauberflöte*; hier ist die Ludlamshöhle gemeint. – *im Kanzell:* veraltet für: in der Kanzlei (vgl. DWB V, Sp. 177). – *Das alte Weib:* Gemeint ist Papagena, die sich dem Papageno zunächst in der Gestalt eines alten Weibes nähert. – *eine schwarz und rote Stange:* vielleicht das Zepter des Kalifen. – *Mehrere Beutel:* Tabaksbeutel.

PROKRUSTES

E: 1827? – Satire gegen die Zensurverhältnisse in Österreich, gegen die Einschränkung der Freiheit unter Kaiser Franz I. und zugleich gegen die Willkür der Übersetzer und Bearbeiter. – Nach der griech. Sage war Prokrustes ein Wegelagerer, der die Vorbeikommenden auf ein Bett legte: Waren sie zu klein, so streckte er sie aus, waren sie zu groß, sägte er ihnen die Glieder ab. Theseus tötete ihn, indem er ihm selbst dieses Schicksal bereitete.

Muschard: mouchard, Polizeispitzel. – *Cynosur:* Zensur. In *Nachrichten aus Cochinchina* gibt es eine Behörde Cäsuri-Cynosuri. – *die Erklärer Tieck und Franz Horn: Tiecks* Shakespeare-Übersetzung erschien 1825–33 in 9 Bänden. *Franz Horn* war der Bear-

beiter der Schlegelschen *Hamlet*-Übersetzung für das Berliner
Schauspielhaus. – *Gries und Malsburg:* Joh. Diederich *Gries* gab
1815–42 Calderóns Schauspiele in deutscher Übersetzung in 8 Bän-
den heraus. Ernst Frhr. v. der *Malsburg* war der Herausgeber von
Calderóns Werken in 6 Bänden (1819–25) und von Lope de Vegas
Werken (1824).

LE POÈTE SIFFLÉ

E: 1829. – Der Titel ist bereits im Stoffverzeichnis von 1826 unter
Lustspiele genannt (vgl. HKA II, 8, 245). Diese autobiographische Satire zeigt Grillparzers pessimistische Auffassung des Dichterberufes.
Der Dichter *Clairville* tritt hier für Grillparzer auf; *Adele* spricht
Grillparzers Ansichten über das Theater aus. Durch das Milieu, die Fi-
guren und ihre Denkweise ist das Bruchstück noch dem deutschen und
englischen Lustspiel des 18. Jahrhunderts verwandt. Aufgrund der
französischen Namen und Personen und einzelner Gallizismen hält
R. Backmann eine französische Vorlage für möglich (vgl. HKA I, 8/9,
351).

gebildeten Jüdinnen zu Wien und Berlin: Gemeint sind wohl Lea
Mendelssohn-Bartholdy, Rahel Varnhagen, Fanny v. Arnstein, Henriette v. Pereira (vgl. dazu HKA II, 8, 241, Tgb.Nr. 1542). – *lor-
gnierte:* sah durch eine Stielbrille an. – *Chorden:* Saiten. – *mole-
stierte:* belästigte. – *Airs:* Gehabe. – *submissest:* untertänigst. –
der Dichter: Selbstporträt Grillparzers.

SAMSON

E: Durch eine Aufführung von Händels Oratorium *Samson und
Dalila* am 27. 2. 1829 in Wien wurde Grillparzer zur Dramatisierung
des Stoffes angeregt (vgl. dazu HKA II, 8, 341, Tgb.Nr. 1733 und
1734). Anfang März 1829 schrieb er den Entwurf zum 1. Akt des geplanten Stückes nieder, indem er als Grundlage die biblische Erzählung
im *Buch der Richter,* 14, 1–20, benutzte. Etwa Mitte 1831 führte der
Dichter die 1. Szene des 1. Aktes aus, Anfang 1834 notierte er sich:
„Zu dem Samson hätte ich im Augenblicke kein Zutrauen; die alte
Mythe ist eine der ungeheuersten. Eine ganz bestialische Leidenschaft
eines überkräftigen, gottbegabten Helden zu dem verfluchtesten Lu-
der, das die Erde trägt, die rasende Begierde, die ihn immer wieder zu
ihr führt, ob er gleich, bei wiederhohltem Verrath, sich jedesmals in
Gefahr weiß, diese Lüsternheit die selbst aus der Gefahr entspringt,
der mächtige Begriff den man sich von der übermäßigen Prästanz dieses riesenhaften Weibes machen muß, das im Stande ist einen solchen

Bullen zu fesseln. Göthe an Zelter II 20." (HKA II, 9, 142, Tgb.Nr. 2108)

Quellen:

1. Händels Oratorium *Samson und Dalila*.
2. Das *Buch der Richter*, Kap. 13–16 im Alten Testament.

Dagon: Gott der Philister.

KAISER ALBRECHT

E: Die ersten Aufzeichnungen über Kaiser Albrecht und Johannes Parricida entstanden im Februar 1822 (vgl. HKA II, 8, 6 ff., Tgb.Nr. 976, 977, 978, 979, 982 und 984). Im Februar/März 1822 machte sich Grillparzer umfangreiche Auszüge aus den Quellen. Ende 1825 begann er die Exzerpte aus Ottokar von Horneks Chronik. Dabei berücksichtigte er aus der Reichsgeschichte nur die Stellen über Rudolfs Tod, die Lage seiner Nachkommen und den Streit der Erben nach seinem Tode; aus der Geschichte Ungarns griff er lediglich die Ereignisse um die Person des Andreas Este heraus. Unter dem Titel *Die ersten Habsburger (Kaiser Albrechts Tod)* wird der Plan im Stoffverzeichnis von 1826 erwähnt (vgl. HKA II, 8, 245, Tgb.Nr. 1552). Im Juli 1831 wurde die Arbeit an *Kaiser Albrecht* nochmals aufgenommen. Einige Tagebuchstellen vom Sommer 1835 beziehen sich auf Albrecht, von einem besonderen Plan kann aber nicht mehr die Rede sein (vgl. HKA II, 9, 204 ff., Tgb.Nr. 2794, 2795, 2799 und 2800). Am 11. 2. 1840 sagte Grillparzer zu Adolf Foglar: „Der Tod Albrechts I. wäre ebenfalls ein schöner Vorwurf, aber warum sollte man etwas bearbeiten, wenn man voraus weiß, daß man sich damit nur Verdrießlichkeiten zuziehen würde?" (Gespr. Nr. 722)

Quellen:

1. Bei den Auszügen aus Ottokar von Horneks Chronik benutzte Grillparzer als Vorlage: *Scriptores rerum Austriacarum veteres ac genuini, edidit et necessariis notis … illustravit R. D. P. Hieronymus Pez … Lipsiae … 1721.*
2. *Annales oder Historische Chronik der Durchlauchtigsten Fürsten und Herren … Habspurgischen Stammens … Erstlich durch Gerardum de Roo … Augspurg 1621.*
3. *Österreich unter K. Albrecht dem Zweyten* von Franz Kurz. 2 Teile. Wien 1835.

HEIRAT AUS RACHE

E: Im September 1833 schrieb Grillparzer die ersten Tagebuchaufzeichnungen nieder (vgl. HKA II, 9, 128, Tgb.Nr. 2075 und 2076).

Anfang April 1835 entwarf er den 1. Auftritt; im Sommer 1839 überarbeitete und erweiterte er das Fragment.

Quelle: Le Sage: *Gil Blas de Santillane*, IV. Buch, 4. Kap.
Inhalt der Novellenvorlage: Der König von Sizilien läßt seinen
Thronfolger Henrico bei seinem Minister Siffredi erziehen. Henrico
verliebt sich in Siffredis Tochter Bianca und schwört ihr, daß er ihr
auch als König treu bleiben wird. Um diese Zeit hat jedoch der Minister die Hand seiner Tochter bereits heimlich dem Konnetabel von Sizilien versprochen. Nach dem Tode des Königs wird das Testament
verlesen, das Henrico zum Thronerben bestimmt unter der Bedingung,
daß er die Nichte des Königs heirate. Bianca weiß nicht, daß sich
Henrico dieser Bedingung nur scheinbar unterwirft, nimmt aus Rache
den Antrag des Konnetabel an und vermählt sich heimlich mit ihm.
Henrico versucht vergeblich, mit der Geliebten zusammenzutreffen.
Als er ihr den wahren Sachverhalt erklären will, wird er vom Konnetabel überrascht. Es kommt zu einem Zweikampf; der Konnetabel
wird zu Tode getroffen, tötet jedoch noch mit letzter Kraft Bianca.
Grillparzer wollte den Konflikt zwischen dem Konnetabel und dem
Prinzen mit einem politischen verbinden. Der Konnetabel ist auch der
Usurpator der älteren politischen Rechte des anderen (vgl. die Szenen
von 1835 und 1839).

DIE VOGELSCHEUCHE

E: [1] (die arabischen Ziffern in eckigen Klammern sind die Be-
zeichnungen der Bruchstücke in der HKA) im Sommer 1834, [2] im
Frühjahr 1835, [3] im August 1836, [4] 1836/37. – Von diesen 4 er-
haltenen Bruchstücken ist [2] als Lustspielszene gestaltet. – Satire
gegen Hegel und seine Nachahmer ([1], [3], [4]) und gegen den Ken-
ner der Antike ([2]). Grillparzer schließt sich an Tiecks Märchen-
novelle *Die Vogelscheuche* an, die 1834 *im Novellenkranz für das
Jahr 1835* erschienen war.

Ideeenbutterfaß: Die Maschine zur Herstellung geistiger Produkte
ist ein beliebtes Requisit der romantischen Satire. – *Staatsschulden-
Tilgungsmaschine:* s. oben Anm. zu *Ideeenbutterfaß.* Vgl. auch das
Prosafragment *Nachrichten aus Cochinchina*, dort wird ein mecha-
nischer Webstuhl beschrieben, woran allerhöchste Entschließungen
verfertigt werden. – *Magister Ubique:* der Archäologe und Alt-
philologe Carl August Böttiger. Während dieser bei Tieck alles lobt,
beschränkt sich bei Grillparzer sein Lob auf das klassische Altertum.
– *Ledebrinna:* bei Tieck ein lederner Philister. – *das dulce, wo
bleibt aber das darunter zu miszierende utile?:* das Angenehme,
... das darunter zu mischende Nützliche? (Vgl. Horaz *Ars poetica*

343). καλοκαγαθόν: griech. Idealbegriff menschlicher Vollkommen-
heit. – Αἱ γαο προκειμεναι: „Aber die Aufgaben". – μη ὀν: Nicht-
Seiendes – φυσις: Natur. – *für einen Chaldäer:* semitisch-aramäi-
scher Bewohner Babyloniens. – *Was ist Nichts?* ... : gegen Hegels
Phänomenologie des Geistes.

BRUCHSTÜCK

Vermutlich in den 40er Jahren entstanden. Die Herkunft ist unsi-
cher, es könnte auch ein Übersetzungsfragment sein. – D: HKA I,
8/9, 260.

DEUTSCHER UND ALLEINS

E: Bald nach 1840. – Satire gegen die Hegelsche Philosophie.

à la maître d'hôtel: Haushofmeister.

FRIEDRICH DER GROSSE UND LESSING

E: Ende 1841. – Satire gegen die Entwicklung der neueren deutschen Literatur. Die Form des Totengesprächs war Grillparzer von Jugend auf geläufig (vgl. Anm. zu dem Dramenfragment *Totenge-
spräch*). Friedrich der Große hatte seine Abneigung gegen die zeitge-
nössische deutsche Literatur in *De la littérature allemande* geäußert.
– Ein Gespräch Friedrichs II. mit Lessing lag bereits im *Neuen deutschen Museum*, III. Bd., Juli bis Dezember 1790, S. 1048 ff. vor.

Ich ennuyiere mich: Ich langweile mich. – *zu den Wolfenbüttler
Fragmenten:* Theologische Fragmente von H. S. Reimarus, von Lessing ohne Nennung des Verfassers und zusammen mit eigenen Bei-
trägen in *Zur Geschichte und Literatur* herausgegeben. – *Lukubra-
tionen:* Forschungen. – *mort de ma vie:* ich will des Todes sein! –
kryptogamisch: ungeschlechtlich, vermehrt sich durch Keimung. –
Sitzfleisch habt ihr: Vgl. dazu das Epigramm *Der deutsche Fleiß.* –
an drei Bände setzen wie Montesquieu: Gemeint sind Montesquieus
Hauptwerke *Lettres persanes, Considérations sur les causes de la
grandeur des Romains et de leur décadence* und *L'Esprit de lois*
oder die 1784 in Amsterdam erschienene dreibändige erste Gesamtausgabe. – *ein einziges Werk wie Gibbon:* Gemeint ist Gibbons
Werk *Decline and Fall of the Roman Empire* (1776–88). – *invol-
viert:* schließt ein. – *Tellheim:* in Lessings *Minna von Barnhelm.* –
Philosoph von Sanssouci: Friedrich der Große. – sein „*Wilhelm*

Meister": Vgl. Gespr. III, 274, Nr. 800 zu Foglar: „Den Wilhelm
Meister nenne ich immer den deutschen Don Quichote, nicht um
damit eine Nachahmung zu bezeichnen, sondern in dem Sinne, daß
Goethe den Nationalfehler der Deutschen, das Schwanken und Tap-
pen in der Kunst, so wie Cervantes den spanischen überspannten
Heroismus, schilderte." – *Tyrannen Alba:* in Goethes *Egmont*. –
homme d'état: Staatsmann. – *der Herr Onkel seine eigenen Kinder
gegessen:* In der griech. Sage tötet Atreus die Söhne seines Bruders
Thyestes und setzt ihr Fleisch dem Vater zum Mahl vor. – *König
Thoas:* in Goethes *Iphigenie auf Tauris*. – *Winckelmann:* Johann
Joachim Winckelmann (1717–1768), Wegbereiter des dt. Klassizis-
mus.

DIE LETZTEN RÖMER

E: Eindrücke der Italienreise von 1819 gaben Grillparzer die eigentliche Anregung zu dem Dramenzyklus *Die letzten Römer* (vgl. dazu
die Gedichte *Kolosseum* und *Campo vaccino*). 1820 notierte sich der
Dichter die einzelnen Titel des Zyklus (vgl. HKA II, 7, 251,
Tgb.Nr. 644) und ausführliche Überlegungen zu dem ersten Stück *Marius und Sylla*. Die Tagebücher aus dieser Zeit verraten die intensive
Beschäftigung mit den Gestalten aus der römischen Geschichte: Tiberius Gracchus, Scipio, Aemilianus, Metellus Macedonius, Mithridates
(vgl. HKA II, 7, 276 ff., Tgb.Nr. 723, 724, 726; HKA II, 7, 143 f.,
Tgb.Nr. 327 und 328). Gegen Ende 1820 entstanden bei der Lektüre
des Sulla umfangreiche Notizen, die den Gegensatz zwischen Marius
und Sulla unter Heranziehung des griechischen Originals festhalten.
Im April 1822 findet sich im Tagebuch eine Notiz über Caesar (vgl.
HKA II, 8, 43, Tgb.Nr. 1096). Ende 1822 / Anfang 1823 machte sich
Grillparzer Auszüge über Tiberius Gracchus aus Valerius Maximus:
Factorum et dictorum memorabilium libri novem. Etwa im Juli 1823
entstanden Aufzeichnungen über Catilina nach der Lektüre von Midd-
letons *The History of the Life of M. Tullius Cicero*. Das lebhafte Interesse für den Catilina-Stoff, den Grillparzer gelegentlich in die Dramen
über die letzten Römer einfügen wollte, dokumentiert eine Tagebuch-
stelle aus dem Sommer 1824 (vgl. HKA II, 8, 146 f., Tgb.Nr. 1345).
Aus der zweiten Hälfte von 1824 stammen weitere Aufzeichnungen
über Metellus Macedonicus, Scipio Aemilianus und Catilina. Ende
1824 entstanden Exzerpte aus *Appiani Alexandri de Civilibus Roma-
norum historiarum libri quinque* und aus *C. Sallusti Crispi „Bellum
Catilinae"*. Im April 1825 und im Juni 1826 wird der Stoff nochmals
im Tagebuch erwähnt (vgl. HKA II, 8, 178, Tgb.Nr. 1405 und
HKA II, 8, 210, Tgb.Nr. 1446). Der Plan steht im Stoffverzeichnis
von 1826 (vgl. HKA II, 8, 245, Tgb.Nr. 1552), scheint dann in Verges-
senheit geraten zu sein. Im Tagebuch von 1858 erscheint noch eine

Skizze über den Charakter Julius Caesars (vgl. HKA II, 12, 19, Tgb.Nr. 4214); 1862/1863 erinnerte sich Grillparzer zum letztenmal an den eigenen Plan.

Quellen: Plutarch, Cicero, Appian, Sallust, Caesar. – Außerdem Einwirkung der Römerdramen Shakespeares und der französischen Klassiker.

DIE GLÜCKLICHEN

E: Anfang Juni 1822 faßte Grillparzer den Plan zu einer Dramen- reihe aus der alten Geschichte (vgl. HKA II, 8, 67, Tgb.Nr. 1557), in der er, ähnlich wie in den *Letzten Königen von Juda* und in den *Letz- ten Römern*, das Motiv vom Untergang als Absturz vom höchsten Glück ins Verderben gestalten wollte. Als Hauptperson des erst später zyklisch erweiterten Planes war zuerst Amasis vorgesehen (vgl. HKA II, 8, 69 f., Tgb.Nr. 1169), später Polykrates (vgl. Aufzeichnung von Anfang 1823). Die Skizzen umfassen die Lebenszeiten mehrerer Generationen von „Glücklichen“: die der Ägypter von Psammis bis Amasis, die der Samier von Ankäos bis Polykrates. – Der Plan steht auf dem Stoffverzeichnis von 1826 (vgl. HKA II, 8, 245, Tgb.Nr. 1552), wird gegen Ende des Sommers 1827 (vgl. HKA II, 8, 279, Tgb.Nr. 1585 und Nr. 1586) und Anfang 1828 (vgl. HKA II, 8, 328, Tgb.Nr. 1683) wieder aufgegriffen, anschließend nicht weiter ausgeführt. Lediglich 1862 wird die Gestalt des Amasis in den Tage- buchaufzeichnungen nochmals erwähnt (vgl. HKA II, 12, 58, Tgb. Nr. 4313).

Quellen: Herodot, Strabo, Plutarch, *Allgemeine Weltgeschichte* von Gray und Guthrie.

πολλα μεταξυ πελει ...: Viele Dinge sind zwischen Lipp' und Kel- chesrand. – Μαχαρων νησον: Insel der Seligen.

Prosafragmente

ALZINDOR PRINZ VON ELDORADO

E: 26.8.1808. – D: HKA II, 6, 41 ff. – Es ist Grillparzers erster erhaltener Versuch in der erzählenden Prosa. Das Fragment, das unter dem Einfluß von Voltaires Romanen *Babuk oder Der Lauf der Welt*, *Der weiße Stier*, *Die Prinzessin von Babylon* und *Zadig* entstand, richtet sich gegen die Intoleranz und unumschränkte Selbstherrschaft der geistlichen Herren.

Alzindor: Der Name taucht schon im Dramenfragment *Der Zauber-wald* auf. – *kein Märchen:* „kein" tritt in zeitgenössischen Titeln häufig auf, um den Wahrheitsgehalt hervorzuheben. – *ridendo dicere verum:* Horaz, Satiren I, 24: „Lächelnd die Wahrheit sagen". – *die 2. Hemisphäre des seltsamsten aller Eier, Erde genannt:* Anspielung auf eine blasphemische Auseinandersetzung über die Empfängnis und Geburt Christi in Voltaires *Der Mann von vierzig Talern.* – *Autokrator von Eldorado:* selbstherrlicher Herrscher von Goldland. – *Dor:* aus El-dor-ado gezogen. – *Kompettenten:* Mitbewerber. – *Antichambre:* Vorzimmer. – *dieses eldoradischen Porfüriums:* Gemach aus Porphyr (= Purpurstein) oder aus Porphyritis (Marmor mit Purpurstreifen). – *Merluzzo:* Der Name kommt auch im Dramenfragment *Der Zauberwald* vor und bedeutet Stockfisch. – *Dickwanst:* In Voltaires *Wie's in der Welt geht* ist einer der sechzig Könige, die Persien gepachtet haben, ein dickwanstiger Mann. – *Harpax:* Geiziger. – *Darius Hidaspes:* Hystaspes, Vater Darius' des Großen. – *akkompagnierten:* begleiteten auf Instrumenten. – *solemniter:* feierlich. – *Schock:* 60 Stück. – *Michäas:* Propheten. – *oraculum ambulans:* wanderndes Orakel. – *Hôtel:* hier: Palast. – *Nagelabschnitzel des heiligen Dors:* Verhöhnung des Reliquienkults. – *Conductaas:* Conducta ist kein Eigenname, sondern bedeutet Führerin, Begleiterin. – *Casus:* Fall. – *Gelschnabel:* Gelbschnabel. – *inkommodierten:* belästigten. – *intrikaten:* heiklen. – *Tartuffo:* ital. Lustspielfigur, Heuchler. – *Car tel est nôtre bon plaisir:* Siegelspruch der franz. Könige: „So ist unser gnädigster Wille". – *Higo:* span. Feige. – *beigefallen:* eingefallen. – *industriösen Coup:* geschickten Streich. – *la bourse ou la vie!:* das Geld oder das Leben! – *blinzte:* blinzelte. – *führten sich ... ab:* machten sich ... davon. – *maßen:* weil.

EPISTOLAE OBSCURORUM VIRORUM

E: 22. 8. 1809. – „Dunkelmännerbriefe", Titel nach der satirischen Streitschrift *Epistolae obscurorum virorum ad Ortuinum Gratium* (1515/17), die von Crotus Rubeanus und Ulrich von Hutten verfaßt wurde. Grillparzer plante wohl mehrere Briefe unter diesem Gesamttitel. Der ausgeführte Brief richtet sich gegen den österr. Dichter Heinrich von Collin (hier *Kodallin* genannt, 1771–1811) und seinen Bruder Matthäus (1779–1824). Verspottet werden folgende Dramen von Heinrich von Collin: *Regulus, Koriolanus, Polyxena, Balboa, Bianca della Porta, Mäon;* von Matthäus: *Belas Krieg mit dem Vater.* Zum Kampf gegen Collin wurde Grillparzer durch das *Sonntagsblatt* angeregt, worin Schreyvogel ununterbrochen Collin verfolgte.

rezensierender Pasquillanten: Verfasser von Schmäh- oder Spottschriften. – *der undurchdringliche Schranke:* dialektisch kommt

Schranke auch als Maskulinum vor. – *per parenthesim:* in Klammern. – *Ezzelino:* tritt in *Bianca della Porta* auf.

EIN JAHR AUS DEM LEBEN EINES MENSCHEN

E: 11. 6. 1810. – D: HKA II, 6, 59 f. – Fragment einer autobiographischen Brieferzählung unter dem Einfluß der Lektüre von Richardson entstanden.

wie ein Schiffbrüchiger auf einer wüsten Insel: Vgl. dazu das Jugendgedicht *Elegie eines Schiffbrüchigen auf den Tod seines Hundes auf einer wüsten Insel.* – *Georg:* Georg Altmütter, der hier wohl als Empfänger des Briefes gedacht ist. – *meinen Goethe:* Vermutlich ist hier der erste Wiener Nachdruck in 15 Bänden gemeint: *Goethes sämmtliche Schriften.* Wien, Anton Strauß, 1808–1811.

LEBEN, TATEN, MEINUNGEN, HIMMEL- UND HÖLLENFAHRT SERAPHIN KLODIUS FIXLMILLNERS, EINES HALB-GENIES

Vermutlich handelt es sich wie bei dem nachfolgenden *Leben, Abenteuer, Einbildungen, Himmel- und Höllenfahrt Serafin Klodius Fixlmillners eines Halb-Genies* um einen 1814 entstandenen humoristisch-autobiographischen Romananfang, für den auch die zahlreichen Tagebuchaufzeichnungen zum Fixlmüllner aus den Jahren 1812 und 1827 bestimmt waren (vgl. HKA II, 7, 76 f., Tgb.Nr. 168 und HKA II, 8, 311 ff., Tgb.Nr. 1652–1657, 1661–1663, 1673). – Anregung für die Titel der beiden Romananfänge erhielt Grillparzer durch Pfitzers *Das ärgerliche Leben und schreckliche Ende des viel-berüchtigten Ertzschwartzkünstlers Johannes Fausti* und Klingers *Fausts Leben, Thaten und Höllenfahrt.* Für die Form galten ihm als Vorbild die in Nachahmung von Sternes Roman *Leben und Meinungen Tristram Shandys* erschienenen Romane mit ähnlichen Titeln (u. a. Nicolais *Leben und Meinungen des Herrn Magister Sebaldus Nothanker,* Cramers *Gotthold Tamerlans eines reisenden Herrnhuters Leben, Meinungen und Abenteuer*). – *Fixlmillner, Fixlmüllner* ist eine Travestie des dem Dichter verhaßten eigenen Namens. *Serafin, Klodius:* zwei weitere Taufnamen Grillparzers. – D: HKA II, 6, 281 f.

HE: Hochehrwürden. – *monitorischen Streites:* monitorisch: rügend, mahnend. – *Aufhebung des Glaubensediktes:* zuerst: Edikts von Nantes. Heinrich IV. gestand den Hugenotten das freie Glaubensbekenntnis zu. – *Tartarus:* Unterwelt. – *aimable:* liebenswerte. – *mit Knalluft gefüllte Charlière:* ein mit Wasserstoff gefüllter Ballon, nach dem Physiker Charles benannt.

DIE FÜRCHTERLICHSTE NACHT UMHÜLLTE ...

E: Wende 1814/15. – Anfang einer Erzählung im Stil der am Ende des 18. Jahrhunderts beliebten Schauerromane (von Cramer, Gleich, Lewis, Spieß u. a.). Von ihnen aus ging die Schilderung solcher grausigen Nächte in die Schicksalstragödie über.

Löschna, Lukow, Maria Stip: Orte in Mähren, die Grillparzer von seinem Aufenthalt bei dem Grafen von Seilern her bekannt waren. – *Jaromir:* Der Name tritt auch in der *Ahnfrau* auf.

WAR DEKLAMATOR

E.: November 1815. – D: HKA II, 6, 95. – Die von Grillparzer auf der Rückseite eines Aktenstückes niedergeschriebene Satire richtet sich gegen die Bemühungen um die Einführung einer altdeutschen Tracht in den Jahren der Freiheitskriege (1813–15). Anhänger der altdeutschen Mode waren u. a. die Kaiserin und Karoline Pichler. Gegen die Übertreibungen der Sprachreinigung und Modeverbesserung wandten sich aber Josef Richters *Eipeldauer-Briefe* und die Stücke des Wiener Volkstheaters (vgl. Karl Meisls *Altdeutsch und Neumodisch* und *Gespenst im Prater*). Über das deutschtümelnde Auftreten des Turnvaters Jahn in Wien in der zweiten Märzhälfte 1815 berichtet Varnhagen ausführlich im 4. Band der *Denkwürdigkeiten des eignen Lebens.* Von einem Vortrag Jahns in Wien ist nichts bekannt. Vielleicht zielt Grillparzers Spott auf andere in Wien vortragende Romantiker *(Deklamatoren):* Wilhelm August Schlegel las 1808, Friedrich Schlegel 1810–1812, Adam Müller 1812 öffentlich in Wien.

das herrliche Kriegslied: „Die Trommel gerührt, das Pfeifchen gespielt!" (aus Goethes *Egmont*). – *bricht ... Gelächter ausbrach:* Grillparzer fällt versehentlich aus der Konstruktion: *bricht ... Gelächter aus.* – *Campes Verteutschungs Wörterbuch: Wörterbuch zur Erklärung und Verdeutschung der unserer Sprache aufgedrungenen fremden Ausdrücke.* Neue starkvermehrte und durchgängig verbesserte Ausgabe von Joachim Heinrich Campe. Braunschweig 1813 (1. Aufl. 1801). – *Plan zu einer neuen deutschen Volkskleidung:* Die Frauen sollten eine Art Gretchentracht, die Männer altdeutsches Wams tragen.

AVERTISSEMENT

E: Sommer 1817. – Polemik gegen den Kritiker Wilhelm Hebenstreit (1774–1854). Hebenstreit hatte in Göttingen studiert, lebte seit

1811 in Wien, war 1816/1818 Herausgeber der *Wiener Zeitschrift*. Er bevorzugte klassizistische Dramen wie die Ayrenhoffs, war ein erbitterter Gegner der Schicksalstragödie, griff fortwährend Grillparzers *Ahnfrau* und gleichzeitig Müllners Schicksalsdramen an. Gegen Ende März 1817 hatte Grillparzer eine *Erklärung gegen die Kritiker des Trauerspiels „Die Ahnfrau"* entworfen. Hebenstreit fuhr aber mit seinen Sticheleien auf die Schicksalstragödie das ganze Jahr fort. Die Bezeichnung *Avertissement* (Nachricht, Anzeige, Kundmachung) hat Grillparzer zusammen mit der Form von Jean Paul übernommen (z. B. *Avertissement meiner Rettungsanstalten auf dem Buchbinderblatte* ... in: *Auswahl aus des Teufels Papieren, 1789*).

aus Weißenfels her: gegen A. Müllner gerichtet. – *Fouragierzug:* Einholen von Verpflegung beim Heer. – *Subsistenzmittel:* Mittel zum Lebensunterhalt.

DAS KÜNSTLER-DINER

E: 1820/1821. – D: HKA I, 13, 93 ff. – Satire gegen eine Schauspielergesellschaft und zugleich Selbstpersiflage Grillparzers. – Der Name *Mückenstich* satirisiert den Namen Grillparzer. Mit der *Baronin Adling* ist entweder Frau Elise von der Recke, ihre Schwester Dorothea v. Kurland oder eine von deren Töchtern gemeint. *Herr Küche genannt Keller* ist der damals bereits im Ruhestand lebende Hofburgschauspieler und Regisseur Siegfried Gotthilf Eckardt, genannt Koch (1754–1831), der als gewaltiger Esser bekannt war. *Madame Weinkübel* ist Frau Sophie Wilhelmine Marie Koberwein, *Madame Spelz* Frau Wilhelmine Korn.

SCHREIBEN DES JUNGEN TOMES DIKSON ...

E: Nach der Aufhebung der Ludlamshöhle (19. 4. 1826). – Die Satire gegen Ignaz Castelli und den Hofschauspieler Carl Schwarz war dafür bestimmt, nach dem Verbot der Gesellschaft in der am 16. 5. bei Josef Karl Rosenbaum stattfindenden Zusammenkunft der Ludlamiten vorgelesen zu werden.

Tomes: Schreyvogel war auch unter dem Pseudonym August und Thomas West bekannt. – *zwischen dem 8. und 9. April 1826:* Anspielung auf das Verbot der Ludlamshöhle. – *Chimborasso:* über 6000 m hoher Berg der Kordilleren. – *Spittelberges:* eine kleine Anhöhe. – *Neubau, Katzenstadtel, St. Marx:* Vorstädte bzw. Vorstadtteile von Wien. – *Bärenmühle am Wienerberge:* Anspielung auf K. F. Henslers vielgespieltes Stück *Die Teufelsmühle am*

Wienerberg. – den gespenstigen Müller: Gemeint ist Castelli, der bis 1828 in einer Bärenmühle wohnte (damals auf der Wieden Nr. 539). *– indem er ihnen Bären aufbindet:* Castellis Schrift *Bären, eine Sammlung Wiener Anekdoten,* Wien 1825–1832. *– Possen... aus dem Französischen:* Castelli übersetzte zahlreiche Theaterstücke aus dem Französischen. *– Haselnüsse:* Castelli, *Lebensklugheit in Haselnüssen* (1825). *– vierfüßige Fabeltiere: Hundert vierversige Fabeln* (1822). *– Worte in einer... Volkssprache:* Castellis *Gedichte in niederösterreichischer Mundart* erschienen erst 1828 gesammelt in Buchform, waren aber schon vorher vielfach in Zeitschriften und Almanachen veröffentlicht worden. *– Muley Hassan Schwaz:* Gemeint ist der Hofschauspieler Carl Schwarz. *– Gasthaus zum roten Mohren:* Schwarz wurde wegen seines unmäßigen Rauchens bei den Ludlamiten „Rauchmar, der Cigarringer, der rothe Mohr" genannt. *– Schlossergasse:* Vor der Aufhebung der Ludlamshöhle versammelten sich die Ludlamiten im Gasthaus Haidvogel, das in der Schlossergasse lag. *– mit roten Buchstaben:* Die alten Wiener Straßenschilder hatten rote Schrift auf weißer Tafel mit roter Umrandung.

REDE DES BISCHOF PROKLUS AN DIE ERSTEN CHRISTEN

E: Anfang 1827. – Satire auf eine Versammlung der Ludlamiten, die nach der polizeilichen Auflösung des Vereins stattfand.

Wohnung eines wilden Tieres: Anspielung auf die damaligen Machthaber in Österreich, auf Zensur und Polizei. Für die Tiervergleiche Grillparzers vgl. das Gedicht *Bretterwelt. – seine räuberischen Kurse:* Kurse: Züge. *– du bleichwangiger Schäfer, pastor fido:* Vielleicht auf Castelli oder die Brüder Joseph und Samuel Biedermann, zwei jüdische Großhändler, bezogen. *Pastor fido:* Schäferspiel von Giovanni Battista Guarini (1538–1612). *– schamhaft Errötender:* Samuel Biedermann hieß in der Ludlamshöhle *Mussi Bartel, der Schambeininger,* „weil er einmal in Ludlam tüchtig Champagner auftischen ließ". (s. Castelli, *Memoiren* II, 32 f.; zit. nach HKA I, 13, 364) *– pulvis et cinis sumus:* Wir sind Staub und Asche (I Mos. 18, 27) *– laß uns Knaster sein...:* Joseph Biedermann hieß mit Ludlamsnamen *Pipo Canastro, Ludlams Mauerbrecher,* weil er auf eigene Kosten eine Mauer abbrechen ließ, um für den Verein ein größeres Lokal zu gewinnen. *Knaster* und *Dreikönig* sind billige Tabaksorten.

ANTWORT AUF DIE BRIEFE DES ALTEN THEATERFREUNDES

E: Nach dem 29. 4. 1829. – Als Erwiderung auf die *Briefe eines alten Theaterfreundes an seinen Sohn in der Residenz* (6 Briefe), die in der *Wiener Zeitschrift* Nr. 49, 50, 51 vom 23., 25. und 28. 4. 1829 erschienen waren. Der Theaterfreund wirft darin dem Publikum Kälte, Unaufmerksamkeit und unfruchtbare Kritik vor. Er bewundert A. W. Schlegels Wiener Vorlesungen über dramatische Kunst und Literatur und ist ein Gegner der neueren italienischen Oper, in der die Musik den Text überwuchert. Der Theaterfreund führt im 6. Brief ein Zitat Collins über die Oper als Gesamtkunstwerk an. – Es ist anzunehmen, daß Grillparzer in der Fortsetzung seiner Entgegnung gegen diese Ansichten über die Oper polemisiert hätte. Grillparzers Entwurf gehört, wie R. Backmann bemerkte, nur wegen des ironischen Anfangs unter die Satiren.

auf die Kapelle zu nehmen: streng zu prüfen. – *Theaterfreund:* Vgl. dazu Le poète sifflé. – *die Paganinis sind selten:* Niccoló Paganini (1784–1840), italienischer Geigenvirtuose. Vgl. das Gedicht *Paganini* vom Jahre 1828. – *in einer kläglichen Presse:* in einer Zwickmühle. – *Ingrediens:* Bestandteil.

BRUCHSTÜCK AUS EINEM LITERATURBLATT VOM JAHRE 1900

E: Etwa 1835. – In der Satire sind dieselben Ansichten Grillparzers über die Entwicklung der deutschen Literatur festgehalten, wie sie auch in den Aufsätzen *Zur Literargeschichte* und in zahlreichen Epigrammen immer wiederkehren.

Effervescenz: Aufbrausen. – *Blödsichtige:* Schwachsichtige. – *Pedantismus und Phantasterei:* Vgl. dazu die Epigramme *Den Deutschen, Genealogisch* und den Aufsatz *Über eine neue Rechtschreibung.* – *Kontagion:* Ansteckung. – *Hysteronproteron:* rhetorische Figur: frühere Erwähnung des zeitlich erst späteren von zwei aufeinanderfolgenden Vorgängen.

NACHRICHTEN AUS COCHINCHINA

E: 1839. – D: HKA I, 13, 126 ff. – Satirische Schilderung der österreichischen Verhältnisse nach dem Tode Kaiser Franz I. unter Ferdinand I. Statt *Cochinchina* stand ursprünglich in der Handschrift überall China. Österreich als das europäische China zu bezeichnen war seit Börne geläufig. Für die Kritik an europäischen Verhältnissen die

Form einer orientalischen Einkleidung oder eines Reiseberichts zu wählen, war seit der Aufklärung (Montesquieu u. Voltaire) üblich.

Kaiser Schmamfu: Franz I. Im Wiener Dialekt bedeutet *schmafu* gemein, ordinär, schändlich. – *an einen mongolischen Eroberer:* Napoleon I. – *Kralowati:* tschech. stehlen (Rollett). Auf den Bankzettelsturz und die anderen Finanzkatastrophen bezogen. – *bei einem Flußübergang ersoffen war:* Napoleons Übergang über die Beresina (1812). – *Mami-Tati:* Kindersprache für Mama – Papa. Gemeint ist der kranke kindische Kaiser Ferdinand, der von den Wienern schon als Erzherzog „une archidupe" genannt wurde. – *seinen Oheim Wauwau:* der gutmütige, aber beschränkte Erzherzog Ludwig. – *adjungiert:* beigestellt. – *das Geschäft von drei starken Männern:* die Staatskonferenz, der außer Erzherzog Ludwig noch Metternich und Kolowrat angehörten. – *Cäsuri-Cynosuri:* Wortspiel für Zensur-Behörde. Vgl. *Prokrustes.* – *Hins-Hans:* Erzherzog Johann. – *grüne Hosenträger und Kröpfe:* Erzherzog Johann hatte eine Vorliebe für die Alpenländer, besonders für die kropfreiche Steiermark, in der auch seine *Eisenwerke* lagen. – *Der älteste von den Oheimen:* Erzherzog Karl. – *die Witwe des verstorbenen Kaisers:* die Kaiserin Karoline Auguste, die den Titel Kaiserin-Mutter führte. – *von der regierenden Kaiserin:* von Kaiserin Maria Anna, einer savoyischen Prinzessin. – *die Gemahlin des Thronfolgers:* Erzherzogin Sophie, die Gemahlin des ebenfalls schwachsinnigen Erzherzogs Franz Karl. – *die beiden Ältesten:* der spätere Kaiser Franz Joseph I. und Erzherzog Ferdinand Max. – *Von den Ministern . . .:* Metternich und Kolowrat.

SCHREIBEN EINES DEUTSCHEN LITERATORS

Nach R. Backmann lassen sich weder Anlaß noch Zeit bestimmen (vgl. HKA I, 13, 391). Hock datiert diese satirische Schrift um 1855 (vgl. GW X).

vier philosophische Systeme: die Systeme Kants, Fichtes, Schellings und Hegels.

Übersetzungsfragmente

Mit Ausnahme von Gozzis *Rabe* hatte Grillparzer nie die Absicht, fremde Stücke vollständig zu übersetzen. Er übertrug jeweils nur besonders charakteristische Szenen oder Abschnitte.

DAS BEFREITE JERUSALEM

E: 26. 7. 1808. – Übersetzung von Tassos *Gerusalemme Liberata*. Grillparzer gibt jeden Vers des Originals auch im Deutschen durch einen fünffüßigen Jambus wieder, verzichtet aber auf den Reim.

den Feldherrn: Gemeint ist Gottfried von Bouillon, der 1099 Jerusalem befreite. – *Helikon:* Gebirge in Böotien, den Musen heilig. – *Parnaß:* Gebirge nördl. von Delphi, Sitz Apollons und der Musen. – *Alfonso:* Herzog von Ferrara, aus dem Hause Este (1559–1597), der Gönner Tassos. – *Thraker:* Gemeint sind die Türken. – *Aufgang:* Osten. – *das sechste Jahr:* Es waren nur drei Jahre. Der 1. Kreuzzug dauerte von 1096–1099. – *Balduin:* der Bruder Gottfrieds. – *Tankred:* zog 1096 nach Palästina, zeichnete sich besonders bei der Erstürmung Jerusalems aus (1099), übernahm nach Bohemunds Tod das Fürstentum Antiochia. – *Rinaldo:* eine von Tasso erfundene Gestalt. – *Guelfo:* Welf I., Herzog von Kärnten und Bayern. Starb 1101 auf Zypern.

COUPLETS DES PAGEN

E: Ende 1813. – Aus dem I. Akt, 3. Szene der Oper *Françoise de Foix*, Lied des Pagen Edmond. Die Oper wurde am 7. 2. 1812 am Kärntnertortheater in Wien in der Übersetzung von Castelli, mit Musik von Josef Weigl aufgeführt. Grillparzers Übersetzung erfolgte nach dem französischen Original.

DER RABE

Graf Carlo Gozzi (1720–1806), venezianischer Lustspieldichter, bemühte sich um die Erhaltung der Commedia dell'arte. Er schrieb mehrere satirische Stücke und wurde ein tätiges Mitglied der Societá de'Granelleschi, die alle Geschmacklosigkeit mit den Waffen des Spottes verfolgte. Seine Satire war vor allem gegen Carlo Goldoni (1707–1793) und Pietro Chiari (1711–1785) gerichtet. Er schrieb für den Harlekin Sacchi die von Goethe und den deutschen Romantikern bewunderten *Fiabe teatrali*, zehn phantastische Märchenstücke, deren berühmtestes die von Schiller bearbeitete und von Busoni und Puccini vertonte *Turandot, Prinzessin von China* ist. 1761 errang Gozzi großen Erfolg mit der Komödie *Il corvo (Der Rabe)*. – In Deutschland fanden die *Fiabe* großen Anklang. Lessing, der 1775 in Venedig Gozzis Stücke spielen sah, beschäftigte sich als erster Deutscher mit ihnen. 1777–79 erschien in Bern die von August Clemens Werthes besorgte fünfbändige Übersetzung der *Theatralischen Werke des Grafen Carlo*

Gozzi. In der *Selbstbiographie* bezieht sich Grillparzer vermutlich auf Werthes' Übersetzung, wenn er schreibt: „Meiner ganzen Einbildungskraft bemächtigte sich Gozzis ‚Rabe' in deutscher Übersetzung, den ich Goethes, Schillers und Shakespeares Dramen weit vorzog." *(Selbstbiographie,* HKA I, 16, 78)

Grillparzer begann die Übersetzung von Gozzis *Raben,* wie er auf dem Manuskript selbst vermerkte, am 22. 8. 1814 und schrieb sie in einem Zuge bis zum 2. Auftritt des II. Aktes (Zeile 524) nieder. Der Schluß des Fragments, der das Ende des 2. Auftritts und den 3. und 4. Auftritt umfaßt, ist viel später geschrieben und ist wohl in das Jahr 1828 zu verlegen, als Grillparzer den *Raben* gemeinsam mit Bauernfeld bearbeiten wollte. – Ebenfalls aus dem Jahr 1814 stammt der kurze Entwurf des bei Gozzi nur skizzierten Anfangs des II. Aktes. – Außerdem liegt eine 1814 entstandene freie, opernhafte Umdichtung des Anfangs des I. Aktes vor, die aus einem im Original nicht enthaltenen Chor des Schiffsvolks und einer Bearbeitung des 3. Auftritts des I. Aktes besteht.

Inhalt von Gozzis *Rabe*: König Millo von Frattombrosa tötete einst im Walde einen schwarzen Raben, der auf einen Grabstein von weißem Marmor fiel. Darauf erhob sich ein heftiger Sturm, und aus einer Höhle kam ein Ungeheuer hervor, dem der Rabe heilig war, und verfluchte den König: Millo solle eines schrecklichen Todes sterben, sofern er nicht ein Mädchen fände, dessen Leib so weiß wie jener Marmor, dessen Wangen so rot wie das Blut des Raben und dessen Locken so schwarz wie sein Gefieder seien. Jennaro, der Bruder des Königs, reist in der ganzen Welt umher, um ein solches Mädchen zu finden. In Damaskus entdeckt er die Prinzessin Armilla, auf die jene Beschreibung paßt. Mit einer List entführt er sie nach Frattombrosa. Während das Schiff noch in Sportella vor Anker liegt, kauft der Admiral Pantalone von einem Jäger einen Falken und ein Pferd und schenkt Jennaro beide Tiere. Als sich der Prinz jedoch bald zur Ruhe legt, erscheinen zwei Tauben, die folgendes erzählen: wenn Jennaro seinem Bruder den Falken übergeben wird, wird dieser dem König die Augen auskratzen; wenn er ihn aber behält oder jemandem dieses Geheimnis verrät, wird er selbst in eine Marmorstatue verwandelt werden. Wenn der König das Pferd besteigt, wird er sterben; gibt er es ihm aber nicht, so wird er selbst sterben. Wenn er Armilla dem König als Gattin zuführt, wird ein Ungeheuer Millo in der Brautnacht erwürgen; wenn er es unterläßt, wird sich an ihm derselbe Fluch erfüllen. Daraufhin erscheint Norando, Armillas Vater, auf dem Rücken eines Seeungeheuers, verheißt Jennaro seine Rache wegen des Raubes seiner Tochter und wiederholt die Prophezeiung der Tauben. – Im II. Akt erfolgt die Ankunft in Frattombrosa. Millo trifft sogleich alle Vorbereitungen zur Hochzeit mit Armilla. Jennaro übergibt seinem Bruder die beiden Tiere, schlägt aber sogleich dem Falken den Kopf ab und dem Pferd die

Knie durch, um ein Eintreffen der Weissagung zu verhindern. Der König betrachtet dies als eine Feindseligkeit, die er sich durch die Liebe Jennaros zu Armilla erklärt. – Im III. Akt glaubt er seinen Verdacht bestätigt, als er hört, wie sein Bruder die Prinzessin beschwört, den König nicht zu heiraten. Trotz unheilvoller Zeichen wird die Trauung vollzogen. – Zu Beginn des IV. Aktes wacht Jennaro mit gezogenem Schwert vor der Tür des Brautgemaches. Bald nähert sich ein feuerspeiender Drache. Der König glaubt jedoch an einen Mordanschlag und läßt seinen Bruder ins Gefängnis werfen und zum Tode verurteilen. In einer Unterredung mit Millo enthüllt endlich Jennaro das Geheimnis und verwandelt sich in eine Marmorstatue. – Im V. Akt eröffnet Armillas Vater dem König, daß Jennaro nur dann wieder lebendig werden könne, wenn die Statue mit Armillas Blut befleckt werde. Um den Unschuldigen zu retten, erdolcht sich Armilla neben der Statue. Jennaro wird wieder lebendig. Norando hält den König mit Mühe zurück, seiner Gemahlin in den Tod zu folgen, und erweckt seine Tochter zum Leben. Die Hochzeit wird nun nochmals gefeiert.

Entwurf vom 22. 8. 1814:
I,2   *Gindecca:* Insel im Süden von Venedig.
I,4   *Damas:* frz. Bezeichnung von Damaskus.
I,5   *kurbettierte:* Das Kurbettieren ist eine Sprungübung der Hohen Schule: Das Pferd zieht die Vorderbeine an und springt mehrmals mit gebeugten Hinterbeinen. – *Ortolan:* Feldammer.
II,4   *Meer-Huflattich:* scherzhafte Bildung. Huflattich ist der Name eines Krautes. – *Seelamm:* scherzhafte Bildung (vgl. DWB IX, Sp. 2846 f.).

KÖNIG ÖDIPUS

Übersetzt nach der Tragödie *König Ödipus* von Sophokles. Entstanden Ende 1815. In der *Selbstbiographie* schreibt Grillparzer: „Inzwischen beschäftigte ich mich, ich hätte bald gesagt: eifrig, in der Hofbibliothek. Von Eifer war damals in dieser Anstalt überhaupt nicht viel zu bemerken ... Ich las und studierte was mich selber anzog. Da war nun vor allem die Vervollkommnung im Griechischen, zu dessen Betreibung ich und mein damaliger Kollege Eichenfeld uns vereinigten. Um ungestört zu sein, begaben wir uns ins Manuskriptenkabinett der Bibliothek und lasen, von allen Hilfsmitteln umgeben, die griechischen Autoren." (*Selbstbiographie*, HKA I, 16, 113 f.) – In der Übersetzung hat Grillparzer den Trimeter des Originals in den fünffüßigen Jambus verwandelt.

DAS LEBEN IST EIN TRAUM

Calderón schrieb etwa 1634 das Drama *La vida es sueño:* König Basilius von Polen läßt seinen Sohn Sigismund in einem abgelegenen Kerker heranwachsen, weil dieser nach einer Weissagung ein grausamer Tyrann und Unterdrücker des eigenen Volkes werden soll. Als Sigismund erwachsen ist, beschließt der König, das Schicksal auf die Probe zu stellen, indem er seinen Sohn einen Tag lang Herrscher sein lassen will. Der König läßt Sigismund einen Schlaftrunk geben und ihn in den Königspalast bringen. Schon in den ersten Augenblicken nach dem Erwachen scheint die Prophezeiung einzutreffen. Sigismund ist grausam und tyrannisch, nur eine Frau, Rosaura, erweckt in ihm Bewunderung und Verehrung. Der König läßt ihn am nächsten Abend wieder einschläfern und in den Kerker zurückbringen. Als er am folgenden Morgen erwacht, hält er das Erlebte für einen Traum. Er hält jetzt an der Erkenntnis fest, daß überhaupt alles Leben nur ein Traum sei. Als sich im Land eine Partei bildet, die Sigismund auf den Thron erheben will und ihn aus dem Kerker befreit, hält er aufgrund seines früheren Erlebnisses auch jetzt alles für einen vergänglichen Traum. In der Furcht, daß auch dieses zweite Glück entschwinden könnte, bezähmt er sich und verzeiht seinem Vater. –

Bereits 1693 erschien eine von Chr. H. Postel verfaßte freie deutsche Übersetzung des Dramas unter dem Titel *Der königliche Prinz aus Polen Sigismundus oder das menschliche Leben wie ein Traum, in einem Singspiel auf dem Hamburger Schauplatz vorgestellet.* Lessing übertrug 1750 den Beginn des Dramas ins Deutsche.

Grillparzer begann sich schon sehr früh mit der Übersetzung des Dramas zu beschäftigen. Er hatte dabei „nur das Studium der Sprache im Auge", und jeder Gedanke an eine Drucklegung oder Aufführung lag ihm fern. In der *Selbstbiographie* berichtet er über das Jahr 1813: „Damit ich aber über die Schwierigkeiten nicht zu leicht hinausginge, und genötigt wäre jedes Wort im Wörterbuche nachzuschlagen, übersetzte ich das gewählte Stück: ‚Leben ein Traum', nach Entzifferung jedes Absatzes, sogleich in deutsche Verse, ja, nach Vorgang des Originals, in Reime. Wie lang ich mit dieser unsäglichen Arbeit zugebracht habe, weiß ich nicht, nur daß ich nicht über die Hälfte des ersten Aktes hinausgekommen bin. Ohnehin hatte ich bei dieser Übersetzung nur mein Studium der Sprache im Auge." *(Selbstbiographie,* HKA I, 16, 115). – Der erste Entwurf des Übersetzungsfragments entstand wahrscheinlich nach dem 18. 3. 1813. 1815 übersetzte Schreyvogel das Calderónsche Drama, das in seiner Bearbeitung am 4. 6. 1816 im Theater an der Wien zur Aufführung gelangte. Das Stück wurde noch im selben Jahre bei Wallishausser gedruckt *(Das Leben ein Traum. Ein dramatisches Gedicht in fünf Akten, nach dem Spanischen des Calderon de la Barca für die deutsche Bühne bearbeitet von Carl August West).* Einige Zeit vor der Uraufführung von Schreyvogels *Leben ein*

Traum begegnete Grillparzer seinem Freund Deinhardstein, mit dem er sich über die bevorstehende Aufführung unterhielt. In der *Selbstbiographie* berichtet Grillparzer, daß er Deinhardstein auch von seiner Übersetzung erzählt habe: „Im Verfolg des Gesprächs bemerkte ich, daß ich das Stück wohl kenne, und zum Teil selbst übersetzt habe. Der Freund wünscht meine Arbeit zu lesen, was ich denn endlich auch zugebe. Nach ein paar Tagen kommt er, mir zu melden, daß meine Übersetzung nicht nur ihm selbst, sondern auch dem Redakteur der literarisch-kritischen Modenzeitung, dem er sie mitgeteilt, unendlich gefallen habe, und letzterer mich ersuchen lasse, ihm wenigstens die ersten beiden Szenen zum Abdruck in seinem Blatte zu überlassen." *(Selbstbiographie*, HKA I, 16, 115). – Grillparzer überarbeitete in der Folge den ersten Entwurf seiner Übersetzung für den Druck und nahm verschiedene Korrekturen und Ergänzungen vor. Am 5. 6. 1816 erschien seine Übersetzungsprobe in der *Wiener-Moden-Zeitung.* – Schreyvogel war über diese Veröffentlichung sehr verärgert und forderte Grillparzer auf, ihn zu besuchen. Diese Begegnung war das auslösende Moment für die dichterische Existenz Grillparzers; das Gespräch mit dem Talententdecker Schreyvogel wurde zum Anlaß für die Entstehung der *Ahnfrau* (vgl. *Selbstbiographie*, HKA I, 16, 116 ff.).

Zweiter Entwurf:

I *Hypogryph:* ein fabelhaftes Flügelpferd, das in Ariosts *Rasendem Roland* (IV, 18) vorkommt. – *Phaeton:* Sohn des Sonnesgottes Helios, erbat sich von seinem Vater für einen Tag die Erlaubnis, den Sonnenwagen lenken zu dürfen. Da er jedoch nicht in der Lage war, die Rosse zu zügeln, stürmten diese der Erde zu. Um die Welt vor Zerstörung zu bewahren, mußte Zeus den Jüngling durch einen Blitzstrahl töten.

AUS CALDERONS „LIEBE, EHRE UND MACHT"

E: Gegen Ende Juni 1817. – Der spanische Titel von Calderóns Komödie lautet *Amor, honor y poder.* Grillparzers Übersetzung umfaßt den Beginn des I. Aktes, ein Gespräch zwischen Estela von Salveric (= Salisbury) und ihrem Bruder Enrico.

AUS CALDERONS „SPIEL DER LIEBE UND DES GLÜCKES"

E: Ende Juli 1817. – Grillparzers Übersetzung von *Lances de Amor y Fortuna* bringt den Eingangsdialog zwischen dem aus der Fremde heimkehrenden Rugero de Moncada und seinem Diener Alejo.

AUS DEM 4. GESANG VON BYRONS „CHILDE HAROLD"

E: Mitte Mai 1819. – Grillparzer hatte sich Byrons Werk gleich nach dem Erscheinen (28. 4. 1818) gekauft und es durchgearbeitet. Die Übersetzung hält sich überall, besonders im Anfang, gewissenhaft an das Original.

Shylok: der Mohr aus Shakespeares *Othello* und der Jude aus Shakespeares *Merchant of Venice.* – *Pierre:* der Führer der Verschwörer gegen den Senat von Venedig in Otways *Venice Preserved.* – *Ist ja ein Land mit – oder Menschen-leer:* mit Menschen oder menschenleer. – *Bucentor:* Prunkschiff des Dogen in Venedig.

AUS DEM I. BUCH DES ARGONAUTEN-EPOS

E: Zwischen dem 23. 5. und dem 24. 6. 1819. – In dem in Neapel gekauften Exemplar war eine lateinische Transkription beigedruckt, die die Übersetzung erleichterte. Vgl. dazu die Quellen zu dem *Goldenen Vließ.*

AUS SENECAS „MEDEA"

E: Im September 1819. – 1818 hatte Grillparzer Gotters Melodram *Medea* und Cherubinis gleichnamige Oper gehört und sich zunächst in das Stück des Euripides vertieft. Senecas Werk, das erst im Herbst 1819 Einfluß auf die im Entstehen begriffene Trilogie *Das goldene Vließ* nahm, beginnt mit dem Racheschwur Medeas, der in Grillparzers Drama den Auftakt zur Katastrophe bildet (vgl. dazu auch Anm. *zum Goldenen Vließ* in Bd. I des Kommentars).

FREIE ÜBERSETZUNG AUS „DER WIDERSPENSTIGEN ZÄHMUNG" VON SHAKESPEARE

E: Gegen Ende 1820. – Grillparzer hat aus Shakespeares *Der Widerspenstigen Zähmung* II,2 Petruchios Werbung herausgehoben und erweitert.

Mantua: Im Originalwerk stammt Petruchio aus Verona.

AUS OTWAYS „GERETTETEM VENEDIG"

Thomas Otway (1652–1685) schrieb 1682 *Venice Preserv'd or A Plot Discover'd,* das Drama einer Verschwörung gegen den Dogen von

Venedig, die entdeckt und bestraft wird. – Erhalten sind zwei Fassungen der Übersetzungsfragmente. Die ersten Bruchstücke entstanden im September / Oktober 1819 und sind Übertragungen des Anfangs des 1. Auftritts des I. Aktes, eines Teils des 3. Auftritts des I. Aktes und des 2. Auftritts des II. Aktes. Die zweite, erweiterte Fassung des Fragments ist Ende 1820 datiert und umfaßt den 1. Auftritt des I. Aktes.

ÜBERSETZUNGSBRUCHSTÜCK

Die Vorlage des gegen Mitte Januar 1823 entstandenen Übersetzungsfragments läßt sich nicht genau bestimmen. Vermutlich ist die Szene eine Übersetzung eines englischen Stückes.

AUS DER „HEKABE" VON EURIPIDES

E: Vermutlich 1. Hälfte Oktober 1832. – Hekabe, die Gattin des Troerkönigs Priamus, wird nach der Eroberung Trojas als Sklavin von Odysseus fortgeführt. Auf der Fahrt nach Griechenland entdeckt sie an der Küste Thrakiens die Leiche ihres jüngsten Sohnes Polydoros, der dem Thrakerkönig Polymnestor übergeben und von diesem nach dem Fall Trojas getötet worden war. Hekabe lockte daraufhin Polymnestor in ihr Zelt, tötete seine Kinder und stach ihm die Augen aus (vgl. dazu auch das 1807 entstandene Gedicht *Hekabes Klage*). –

Grillparzer beschäftigte sich später noch intensiv mit dem griechischen Tragiker, wandte sich jedoch scharf gegen die Neubearbeitungen und Aufführungen seiner Werke (vgl. das Gedicht *Euripides an die Berliner* und Anm. dazu).

STUTZERLIST

George Farquhar (1678–1707) schrieb 1707 das Lustspiel *The Beaux' Stratagem*. Grillparzer besaß in seiner Bibliothek sowohl die englische Ausgabe von 1763 als auch eine deutsche Übersetzung.

Inhalt der Komödie: Aimwell und Archer, zwei Abenteurer, reisen in der Verkleidung eines Lords und eines Dieners. Sie planen Betrug, doch Aimwell verliebt sich ernstlich in Lady Bountifuls Tochter Dorinda, die Erbin, nach deren Geld er trachtete. Bei einem Banditenüberfall treten die beiden Stutzer als Retter auf. Aimwell, der sich als sein älterer Bruder, Lord Aimwell, ausgegeben hat, beichtet Dorinda alles. Sie verzeiht ihm; zur selben Zeit wird der vorgebliche Lord durch den Tod seines Bruders zum echten. Ähnlich verläuft die Liebesgeschichte Archers. Er verliebt sich in Mrs. Sullen, die Frau von Lady

Bountifuls Sohn aus erster Ehe. Der Trunkenbold Sullen erklärt sich bereit, sich von seiner Frau scheiden zu lassen, so daß Archer Mrs. Sullen heiraten kann.

Grillparzers erster Übersetzungsentwurf, der die Anfangsszenen des I. Aktes umfaßt, ist Juli/August 1826 datiert. Anfang September 1827 überarbeitete der Dichter nochmals das Übersetzungsfragment, zumeist verdeutschte er einzelne stehengebliebene englische Ausdrücke. Im Frühjahr/Sommer 1829 entstanden Tagebuchnotizen zur Bearbeitung der *Stutzerlist* (vgl. HKA II, 8, 306, Tgb.Nr. 1642, 1643, 1644, 1645). Ende 1833 / Anfang 1834 schrieb Grillparzer eine neue Fassung des I. Aktes nieder, die sich mehrfach der ersten nähert. Auffallend sind die Kürzungen des Textes gegen Ende der Szene zu.

AUS LOPE DE VEGAS „DER LETZTE GOTE IN SPANIEN"

Im Mittelpunkt von Lopes *El postrer Godo de España* steht der letzte Gotenkönig Rodrigo, der sich leidenschaftlich in Florinda, die Tochter des Grafen Julian, verliebt und sie mit Gewalt seinem Willen gefügig macht. Aus Rache ruft Graf Julian die Mauren ins Land. Rodrigo verliert die Schlacht bei Guadalete und stirbt bald darauf. Florinda begeht Selbstmord, Julian geht auch zugrunde. –

Die von Grillparzer übertragene Eingangsszene handelt von dem Sieg der legitimen Herrschermacht über die Usurpatoren. Die Übersetzung fällt in das Jahr 1839.

AUTOBIOGRAPHISCHE SCHRIFTEN

Selbstbiographien

Aus Furcht, zuviel von sich preiszugeben, arbeitete Grillparzer ungern an autobiographischen Aufzeichnungen. Darum blieben alle Versuche einer selbstbiographischen Darstellung Fragment. Anfänge einer Selbstenthüllung finden sich bereits vor dem Jahre 1814 in einem zweimaligen Ansatz zu einem satirischen autobiographischen Roman, in dem sich der Dichter als Seraphin Klodius Fixlmüllner einführen wollte (vgl. *Leben, Taten, Meinungen, Himmel- und Höllenfahrt Seraphin Klodius Fixlmillners, eines Halbgenies*, in: HKA II, 6, 281 f.), wie er später zahlreiche Tagebuchaufzeichnungen unter diesem Decknamen schrieb (vgl. HKA II, 7, 76 f., Tgb.Nr. 168; HKA II, 8, 288, Tgb.Nr. 1610; HKA II, 8, 292, Tgb.Nr. 1618; HKA II, 8, 311 ff., Tgb.Nr. 1652–1657; HKA II, 8, 314 f., Tgb.Nr. 1661–1663; HKA II, 8, 322, Tgb.Nr. 1673). Am 6. 1. 1814 skizzierte

Grillparzer eine Selbstbiographie, die aber sofort wieder abbricht (*Bruchstück einer Selbstbiographie*, vgl. HKA II, 6, 283 ff.). Dieses Fragment ist eine der wichtigsten Quellen für seine Familiengeschichte. Am 6.8. 1822 richtete der Buchhändler Brockhaus an Grillparzer die Bitte, ihm einige Notizen über sich und sein Leben für sein Konversationslexikon zu senden. Grillparzer schrieb daraufhin einige Jugenderlebnisse nieder, obwohl er die Aufzeichnungen nicht zu veröffentlichen beabsichtigte (*Anfänge einer Selbstbiographie*). Etwa 1834/1835 griff er nochmals den Plan einer Selbstbiographie auf (*Anfang einer Selbstbiographie*), beschrieb flüchtig seine Jugendzeit, erwähnte die ersten Bücher, die er gelesen hatte, den ersten musikalischen Unterricht, den er erhalten hatte, die Abneigung seines Vaters gegen die Poesie. Mit dem Bericht von der Entstehung des Gedichtes *Campo vaccino* brechen aber die Aufzeichnungen ab.

Im Jahre 1853 begann Grillparzer nach einer dreimaligen Aufforderung der Akademie an der sogenannten „großen" *Selbstbiographie* zu arbeiten. In der breiten, ausführlichen Schilderung der Jugendeindrücke bis ungefähr 1809 macht sich der Einfluß von Goethes *Dichtung und Wahrheit* bemerkbar. Nach dem Tode des Vaters beschränkt sich Grillparzer auf die Erzählung seines äußeren Lebensganges und auf die Entstehung seiner wichtigsten Werke. Sein Verhältnis zu den Frauen ist fast ganz aus der Darstellung ausgeschlossen. Über seine Liebe zu Kathi Fröhlich und zu anderen Frauen sind in dem Werk nur wenige, mehr verhüllende als enthüllende Anspielungen vorhanden.

Die *Selbstbiographie* ist fast ohne Vorarbeiten und Skizzen niedergeschrieben und niemals einheitlich überarbeitet worden. Sie umfaßt den Zeitraum von der Geburt des Dichters bis zum Jahre 1836 und bricht ziemlich unvermittelt ab nach dem ersten Bericht der Aufführung von *Des Meeres und der Liebe Wellen*. Der Einschnitt, der Grillparzer mit Berechtigung in der Autobiographie hätte abbrechen lassen können, wäre vielmehr im Jahre 1838 nach dem Mißerfolg des Lustspiels *Weh dem, der lügt!* (6. 3. 1838) gewesen, aufgrund dessen der Dichter sich völlig vom Wiener Theaterleben zurückzog. Wahrscheinlich fehlte aber Grillparzer die Kraft, über all diese Enttäuschungen erneut zu sprechen. Die Absicht, die Aufzeichnungen über sein Leben der Akademie vorzulegen, war vielleicht schon längst aufgegeben.

BRUCHSTÜCK EINER SELBSTBIOGRAPHIE

E: 6. 1. 1814. – D: HKA II, 6, 283 ff.

mein Georg: Grillparzers Freund Georg Altmütter (1787–1858). – *Mutter:* Ähnliche Darstellung wie später in der *Selbstbiographie* (vgl. HKA I, 16, 64).

ANFÄNGE EINER SELBSTBIOGRAPHIE

E: August 1822. – D: SW X, 427 ff., Stuttgart 1872.

Brockhaus: Am 6. 8. 1822 hatte sich der Verlag Brockhaus an Grillparzer gewandt mit der Bitte, ihm für die neue (6.) Auflage des Konversationslexikons autobiographische Daten zu liefern. – *vom Korsenkönige Theodor:* Gemeint sind die 1786 erschienenen *Mémoires pour servir à l'histoire de Corse,* die von Friedrich Neuhof, dem Sohn von Theodor Baron v. Neuhof (1686–1756), verfaßt worden waren. *Theodor Neuhof* war nach wechselvollem Schicksal in fremden Diensten am 15. 4. 1736 als Theodor I. von den aufständischen Korsen zum König gewählt worden. – *Übersetzung von Curtius' „Leben Alexanders":* Es handelt sich um: *Q. Curtii Rufi de vita et rebus gestis Alexandri Magni, Das ist: Q. Curtii Rufi. Gegebene Nachricht Von dem Leben und von den Thaten Alexandri des Großen...* Halle 1720. – *das Abenteuer mit dem Bucephalus:* Alexanders d. Gr. Lieblingspferd, das im indischen Feldzug getötet wurde. Zu seinem Andenken gründete Alexander die Stadt Bukephala am Hydaspes (Indien). – *gelehnt worden war:* vom Hausherrn der Landwohnung (vgl. *Selbstbiographie,* HKA I, 16, 70). – *das Beispiel einiger schlechter Poeten:* In der *Selbstbiographie* nennt Grillparzer als schlechten Poeten einen der Brüder seiner Mutter: Joseph Sonnleithner (1766–1835). – *der bekannte Gallus:* Johann Mederitsch, genannt Gallus (1765 bis 1830). *Vgl. Selbstbiographie* KHA I, 16, 68. – *in arpeggierten Akkorden:* in gebrochenen Akkorden.

ANFANG EINER SELBSTBIOGRAPHIE

E: Ende 1834/Anfang 1835. – D: HKA I, 16, 17 ff. – Der Text ist in sauberer Antiquaschrift sehr sorgfältig geschrieben, war also vermutlich zur Veröffentlichung in einem Konversationslexikon bestimmt.

eine helle Mondnacht: Vgl. das Gedicht *An den Mond* und *Selbstbiographie* (HKA I, 16, 82). – *„Blanca von Castilien":* Im März/April 1808 entstand der 1. Akt, zunächst in Prosa, dann in Versen. Ab Oktober 1808 Arbeit am 2. Akt. Zu Beginn des Jahres 1809 entstand der 3. Akt. Niederschrift des 4. Aktes im August, des 5. im November 1809. – *Als im Jahre 1809:* am 10. 11. 1809. – *als Hofmeister:* Am 18. 3. 1812 übernahm Grillparzer eine Hauslehrerstelle bei dem Grafen von Seilern (vgl. *Selbstbiographie* HKA I, 6, 105 ff.). – *Der Plan zur „Ahnfrau":* Vgl. Anm. zum Drama, Kommentar I, S. 34 ff. und *Selbstbiographie,* HKA I, 16, 117 ff. –

„Sappho": Vgl. Anm. zum Drama, Kommentar I, S. 43 ff., und *Selbstbiographie,* HKA I, 16, 127 f. – *„Das goldene Vließ":* Vgl. Anm. zur Trilogie, Kommentar I, S. 52 ff. und *Selbstbiographie.* – *die Ruinen des campo vaccino:* Vgl. *Campo vaccino.*

SELBSTBIOGRAPHIE

E: Anfang 1853. Abbruch der Arbeit noch in der ersten Hälfte des Jahres 1853. Der letzte Absatz befaßt sich mit dem Trauerspiel *Des Meeres und der Liebe Wellen.* – Die *Selbstbiographie* verdankt ihre Entstehung der Aufforderung der kaiserl. Akademie der Wissenschaften in Wien zur Einsendung biographischer Nachrichten. Eine solche Aufforderung erging auch an Grillparzer, der zu den ersten Mitgliedern der am 30. 5. 1846 gegründeten Akademie gehörte, und wurde, wie der Dichter zu Anfang der *Selbstbiographie* ausdrücklich betont, noch zweimal wiederholt. Nach August Sauer und Rudolf Hartmann erfolgte die erste Aufforderung der Akademie am 1. 1. 1849, die zweite Anfang 1852 und die dritte Anfang (?) 1853. (Vgl. HKA I, 16, XI) – D: SW X, 1–212, Stuttgart 1872.

Mein Vater: Wenzel Ernst Joseph Joh. Nep. Grillparzer (17. 5. 1760–10. 11. 1809). – *Meine Mutter:* Anna Franziska Sonnleithner (13. 8. 1767–23. 1. 1819). – *Sackgäßchen:* Kramergäßchen. – *Neffe meines Vaters:* Albert Koll. – *mit seiner Schwiegermutter und einem seiner Schwäger:* Maria Anna Sonnleithner (1739–1810) und Siegmund von Paumgartten (1746–1810). – *meine damals noch unverheirateten Tanten:* Therese, Johanna und Charlotte Sonnleithner. – *Kinder meines Onkels:* Hier kann nur Ferdinand von Paumgartten (1788–1832) gemeint sein. – *Hernals:* jetzt der XVII. Gemeindebezirk von Wien. – *Johann Mederitsch:* geb. 1765, gest. 1830, studierte Musik in Prag, lebte dann eine Zeitlang als Pianist und Komponist in Wien. 1781–82 war er Musikdirektor am Theater in Ölmütz, dann in Wien, 1794 Theaterkapellmeister in Ofen. 1796 kehrte er nach Wien zurück, wo er mit Schikaneder in Verbindung trat und für das Freihaustheater komponierte. – *Kapellmeister Winter:* lebte von 1754 bis 1825. – *des letzten Königs von Polen:* Stanislaus II. August, König von Polen seit 1764. – *Quintus Curtius:* Vgl. Anm. zu *Anfänge einer Selbstbiographie.* – *Paralipomena:* Nachtrag, Ergänzung. – *Heiligen- und Wundergeschichten des Pater Kochem:* Martin v. Cochem (1634–1712), Kapuzinerpater, schrieb 1705 die vielgelesenen *Legenden der Heiligen.* – *Meine kirchliche Richtung:* Diese Aussage steht in Widerspruch zu folgender Tagebuchaufzeichnung aus dem Jahre 1808/1810: „Man kann sich nichts sonderbareres denken als den Gang den meine Ideen über Gott und Religion von meiner frü-

hesten Kindheit bis in mein reifes Alter nahmen. Von Aelteren ent-
sproßen die wenn sie auch nicht streng religiös dachten, doch wenigstens der Welt und ihrer Kinder willen religiös handelten, unter Personen erzogen die mit ängstlicher Genauigkeit alles erfüllten was
nur immer die geistliche Etiquette ihren Verehrern vorschreiben
kann war es nicht anders möglich als daß eine innige Ehrfurcht vor
Gott und seinem Stellvertreter auf Erden in meiner jungen Seele
Wurzel faßte." (HKA II, 7, 25, Tgb.Nr. 56) – *Käsperle Laroche:*
Johann Laroche (1745–1806) – *aus den „Zwölf schlafenden Jungfrauen":* Die zwölf schlafenden Jungfrauen, Schaupiel mit Gesang
in 3 Teilen (nach der Geistergeschichte von Spieß) von Karl Friedrich Hensler, 1797 erschienen. – *„Klara von Hoheneichen":*
(1790), Ritterschauspiel in 4 Akten von Christian Heinrich Spieß
(1755–1799). – *Baron Dubaine:* Hofrat Joseph Baron Du Beyne
Malschamps, Musikliebhaber und Sammler am Ende des 18. Jahrhunderts. – *Adelung:* Johann Christoph Adelung (1732–1806),
Sprachforscher. Seine *Deutsche Sprachlehre zum Gebrauch der
Schulen in den preußischen Landen* war 1781 in Berlin erschienen.
– *ein Hofmeister:* Anton Gärtner (1780–1840), war Hofkonzipist
im Finanzministerium. – *Indolenz:* Trägheit. – *Blödsichtigkeit:*
Kurzsichtigkeit. – *ein französischer „Telemach":* Les aventures de
Télémaque (1699) von François Fénelon de Salignac de la Mothe
(1651–1715). – *Suetonius:* wahrscheinlich die *Vitae XII imperato-
rum* von Gaius Tranquillus Suetonius (70–140 n. Chr.). – *einen lateinischen Brief nach Ungarn:* In Ungarn war damals Lateinisch
immer noch die Umgangssprache der höheren Stände. Erst durch
das Sprachengesetz vom 23. 1. 1844 wurde das Magyarische statt
des Lateinischen zur Amts- und Unterrichtssprache (vgl. dazu den
Aufsatz: *Von den Sprachen*). – *eine Sammlung von Reisebeschreibungen:* Gemeint ist wahrscheinlich die *Sammlung der besten Reisebeschreibungen,* Troppau, später Brünn 1785 ff. – *Cooks Weltum-
seglung:* James Cooks (1728–1799) Reisebeschreibungen erschienen
1778–1780, darin die Schilderung des paradiesischen Zustandes
von Otaheiti. – *Buffon:* Der Naturwissenschaftler Georges-Louis
Leclerc Graf v. Buffon (1707–1788) schrieb u. a. eine *Naturge-
schichte der Tiere* (1749–1783) in 24 Bänden. – *Eine Theater-Biblio-
thek:* Nach Stefan Hock handelt es sich um *Die Deutsche Schau-
bühne,* eine Sammlung von Einzeldrucken aus der Zeit von 1764 bis
Anfang des 19. Jhs. – *Tschinks „Geisterseher": Geschichte eines
Geistersehers . . .* hrsg. von Cajetan Tschink, Wien 1778, 3 Bände. –
Guthrie und Grays Weltgeschichte: wahrscheinlich die *Allgemeine
Weltgeschichte* (1785–1792) in 89 Bänden, die österreichische Bearbeitung von John Grays und William Guthries *A General History
of the World.* – *meiner unverehlichten Tante:* Therese Sonnleith-
ner. – *Gozzis „Rabe":* Carlo Gozzi (1720–1806), ital. Dichter,
Verteidiger der Commedia dell'arte, Gegner Goldonis, errang 1761

mit dem Märchenspiel *Il corvo* großen Erfolg. Grillparzer meint vermutlich die 1777–1779 in Bern erschienene erste deutsche Übersetzung der Werke Gozzis durch Friedrich A. C. Werthes. Grillparzer plante die vollständige Übersetzung von Gozzis *Rabe*. Erhalten ist uns ein Übersetzungsfragment aus dem Jahre 1814 (vgl. HKA II, 4, 279 ff.). – *zwei meiner Onkel:* Ignaz und Joseph Sonnleithner. – *einen in der Familie meiner Großmutter verbreiteten Sprachfehler:* Vgl. die Notiz von Ende 1827, dort heißt es von Fixlmüllner: „Die ihm angeborne Rede- und Menschenscheu ward in seiner Jugend auch noch dadurch gehegt und verstärkt: E r s t e n s, daß er einen Widerwillen gegen den Klang seines Namens hatte, und in die größte Verlegenheit gerathen konnte, wenn ihn jemand bei demselben nannte, oder wohl gar nach seinem Namen fragte (G e d r u c k t hat er ihn noch lange nachher nicht sehen und lesen können). Z w e i t e n s hatte er von seiner Mutter den in ihrer Familie eigenen Fehler einer lispelnden Aussprache geerbt, dessen deutliches Bewußtsein ihm jedes Gespräch zur eigentlichsten Marter machte." (HKA II, 8, 322, Tgb.Nr. 1673) – *mein Name:* „Der Dichter Grillparzer. Der verfluchte Name hat mich immer geärgert. Geschrieben kann ich ihn sehen, gedruckt entsetzt er mich." (HKA II, 9, 49 f., Tgb.Nr. 1936) Grillparzer persiflierte ihn durch den Namen Fixlmüllner. – *Als Gymnasiast:* am Gymnasium bei St. Anna. – *eines gewissen Meiller:* Gemeint ist Ignaz Joseph Mailler (1786–1810), mit dem Grillparzer befreundet war. – *die Rolle der „unglücklichen Liebhaber":* Im Frühjahr 1806 verfaßte Grillparzer sein erstes Drama unter dem Titel *Die unglücklichen Liebhaber* (vgl. HKA II, 3, 1–26). – *von Zachariä:* auf eine Stelle von Justus Friedr. Wilh. Zachariaes (1726–1777) *Das Schnupftuch. Ein scherzhaftes Heldengedicht,* 3. Gesang, bezogen. – *ein Gedicht:* Vgl. das Gedicht *An den Mond.* – *Gruber:* Augustin Johann Joseph Gruber (1763–1835), seit 1823 Erzbischof von Salzburg. – *ars poetica:* von Horaz, *De arte poetica* 113. – *Romani tollunt . . . :* bei Horaz „tollent". „So werden Ritter und Fußvolk, alle Römer, in Hohngelächter ausbrechen." Diese Szene wurde im *Armen Spielmann* verwertet. – *In dem Professor der Philosophie:* Franz Samuel Karpe (1747–1806). In dem Jugenddrama *Die unglücklichen Liebhaber* ist Karpe als Carusius persifliert. – *Professor der Mathematik:* Remigius Döttler, gest. 1812. In den *Unglücklichen Liebhabern* heißt er Donner. – *Professor der philosophischen Philologie:* Franz Hammer, Professor der klassischen Philologie. – *Professor der Geschichte:* Johann Wilhelm Ridler (1772–1834). – *bei dem Professor dieses Faches:* Vincenz v. Blaha, geb. 1764. – *Professor der Ästhetik:* Ignaz Liebel (1754–1820). – *Kramer:* Karl Gottlob Cramer (1758–1817), Romanschriftsteller. – *Einer der Brüder meiner Mutter:* Joseph Sonnleithner. – *eine Theatersängerin:* Henriette Forti, geb. Theimer. – *ein Gedicht: Cherubin.* – *„Die Räuber":* Grillparzer kann dieses

Drama nicht in seiner Jugend aufgeführt gesehen haben, da es erst 1850 am Burgtheater erstmals gegeben wurde. – *„Irene"*: Vgl. *Irenens Wiederkehr.* Ende 1809 entstanden (HKA II, 3, 223 ff.). – *Wohlgemuth:* Franz Xaver Andreas Wohlgemuth (1749–1826), Hofsekretär bei der Obersten Justizstelle. – *einen Sohn:* Josef Wohlgemuth (1792–1840). – *Kaufmann:* Johann Baptist Kaufmann (1788–1822), Professor für römisches Zivil- und Kirchenrecht an der Universität Wien. – *Altmütter:* Georg Altmütter (1787–1858, seit 10. 5. 1816 Professor am Polytechnischen Institut in Wien, Freund Grillparzers. Vgl. dazu das Gedicht *An Altmütter.* – *desultorisch:* unbeständig. – *Davy:* Gemeint ist der englische Chemiker und Physiker Sir Humphrey Davy (1778–1829), der 1807 das Kalium und Natrium entdeckte. – *Alexander Humboldt:* Alexander von Humboldt (1769–1859) kam nicht zur Zeit des Wiener Kongresses nach Wien, sondern im Jahre 1811, um seinen Bruder Wilhelm zu besuchen. – *eine Akademie der Wissenschaften:* am 14. 5. 1808. Für diesen Kreis verfaßte Grillparzer den Vortrag *Zerstreute Gedanken über das Wesen der Parodie* (vgl. HKA II, 6, 22 ff.). – *über die prästabilierte Harmonie:* Leibniz (1646–1716) bezeichnete seine gesamte Philosophie als System der prästabilierten Harmonie. Nach seiner Lehre besteht eine vorherbestimmte Übereinstimmung zwischen den Vorgängen des körperlichen und des seelischen Geschehens. – *Er meinte bei letzterm Lavoisiers ...:* Antoine Laurent Lavoisier (1743–1794), franz. Chemiker, Begründer einer modernen organischen Chemie. Er ersetzte die bis dahin geltende sog. Phlogistontheorie (Phlogiston: hypothetischer brennbarer Stoff, der nach J. Becher und G. Stahl bei allen Verbrennungsvorgängen aus der Substanz entweichen sollte) durch die richtige Deutung der Oxydation als Sauerstoffaufnahme. – *das Studentenmädel:* Antoinette. Vgl. dazu die Notiz: „Nie aber zeigte sich diese Leidenschaft bei mir fürchterlicher, verabscheuungswürdiger als da einst K** Antoinetten küßen wollte. Ich vermag es nicht meine Empfindung damals zu beschreiben! Ich bebte und zitterte wie einer den das Fieber schüttelt, meine Zähne waren zusammengebißen, meine Hände geballt!" (HKA II, 7, 8, Tgb.Nr. 17) – *Anhänger der Brownischen Heilmethode:* Der schottische Arzt John Brown (1735–1788) vertrat die Ansicht, daß alle Leiden durch ein Mißverhältnis zwischen Reizstärke und Erregbarkeit gegeben sind, durch das eine zu schwache oder zu starke Erregung ausgelöst wird. Seine Therapie beruhte auf einem Ausgleich durch Reiz und Erregbarkeit herauf- oder herabsetzende Mittel. – *Closset:* Thomas Franz Closset war Mozarts Hausarzt gewesen und genoß große Berühmtheit. – *Als wir später die Wohnung wechselten:* Im Jahre 1800 bezog Wenzel Grillparzer das Haus Grünangergasse Nr. 888. – *Ein ungetreuer Sollizitator:* Wenzel Sangrill. – *der Einzug der Franzosen in Wien:* in der Nacht vom 12. auf den 13. Mai 1809. –

Die Schlacht von Aspern: Erzherzog Karl siegte am 21. und 22. 5. 1809 bei Aspern über Napoleon. – *Wagram:* Am 5. und 6. 7. 1809 siegte Napoleon bei Wagram über die Österreicher. – *die beiden Kronprinzen:* der spätere König Ludwig I. von Bayern und der spätere König Wilhelm I. von Württemberg. – *der Abschluß des Preßburger Friedens:* Grillparzer verwechselt den Frieden von Preßburg (26. 12. 1805) mit dem Frieden von Wien (14. 10. 1809). Letzterer ist hier gemeint. – *er aber war tot:* Vgl. dazu die Aufzeichnung vom 10. 11. 1809: „Den 10ten November Abends um 4¼ Uhr starb mein Vater." (HKA II, 7, 33, Tgb.Nr. 78) – *Finanzpatent:* Das Finanzpatent vom 20. 2. 1811 setzte die Zinsen der Staatsschuld auf die Hälfte und die im Umlauf befindlichen Bankzettel auf den fünften Teil ihres Nennwertes herab. – *bei zwei jungen Kavalieren:* Augustin Graf Marzani und v. Kirchmeyer. – *vergessenes Trauerspiel: Blanka von Kastilien.* – *Müllners „Schuld":* Adolf Müllner (1774–1829), Dramatiker und Erzähler, Rechtsanwalt, Herausgeber des Literaturblattes im Cottaschen *Morgenblatt* und des *Mitternachtsblattes für gebildete Stände,* gewann als Kritiker unter den Zeitgenossen einen gefürchteten Namen. Zusammen mit v. Houwald war er der Begründer der nachromantischen sog. Schicksalstragödie. *Die Schuld* wurde 1815 uraufgeführt. – *Heurteur:* Nikolaus Heurteur (1781–1844), Hofschauspieler. – *in ein adeliches Haus:* bei der Familie Seilern-Aspang. – *der Neffe:* August Graf von Seilern-Aspang (1793–1861). – *eines reichen Grafen:* Johann Graf von Seilern und Aspang (1752–1838). – *Ich nahm daher an:* am 18. 3. 1812. – *Als ehemaliger Gesandter:* am bayerischen Hof in München. – *Jakobiner:* die Mitglieder des wichtigsten polit. Klubs der Französischen Revolution, genannt nach ihrem Tagungsort, dem Dominikanerkloster St. Jakob in Paris. – *in der Theobaldschen Ausgabe:* Lewis Theobald *The works of Shakespeare, collated with the oldest copies and corrected with notes,* London 1733 (neue Auflage 1772). – *Auf dem prächtigen Schlosse:* Fideikommißherrschaft Kralitz bei Ölmütz. – *„Vicar of Wakefield":* Oliver Goldsmiths Roman war 1762 erschienen. – *Brouillons:* Entwürfe. – *Es war unterdessen das verhängnisvolle Jahr 1812 vorübergegangen:* Grillparzers schwere Erkrankung fällt in den Herbst des Jahres 1812. Erst nach der dritten Bewerbung um eine Praktikantenstelle bei der Hofbibliothek wurde seine Anstellung am 19. 2. 1813 genehmigt. Am 18. 3. 1813 trat er seinen Dienst an. – *Maria Stip:* Der Wallfahrtsort ist in *König Ottokars Glück und Ende* zu Beginn des IV. Aufzugs ausführlich beschrieben. – *Wurstwagen:* Wagen mit gepolstertem Reitsitz. – *Schlacht bei Leipzig:* 16.–19. 10. 1813. – *Rezidiv:* Rückfall. – *die etwa sechzehnjährige Comtesse:* Gemeint ist hier Maria Johanna Nepomucena Gräfin von Seilern, eine Schwester von Grillparzers Schüler. – *der Hund beim Heu:* Vgl. Lessings *Eine Parabel. Nebst einer klei-*

*nen Bitte und einem eventualen Absagungsschreiben an den Herrn
Pastor Goeze in Hamburg.* 1778: „Ich bin Aufseher von Bücher-
schätzen und möchte nicht gern der Hund sein, der das Heu be-
wacht, ob ich schon freilich auch nicht der Stallknecht sein mag, der
jedem hungrigen Pferde das Heu in die Raufe trägt." – *Kollege
Eichenfeld:* Josef Ritter von Eichenfeld (1782–1862) trat ungefähr zur gleichen Zeit wie Grillparzer als unbezahlter Praktikant in
die Hofbibliothek ein. – *der erste Kustos:* Hofrat Vinzenz Stingel
(gest. August 1815). Vgl. dazu das Epigramm *Der alberne Stingel.*
– *Bertuchs Übersetzung:* Friedrich Justin Bertuchs Übersetzung erschien 1775/76. – *ein Sobrino:* Francisco Sobrino: *Diccionario nue-
vo de las lenguas Española y Francesa,* 1705. – *Schlegels Übersetzung: Spanisches Theater.* Hrsg. von August Wilhelm Schlegel. Berlin
1803–1809. – *„Leben ein Traum":* 1816 übersetzte Schreyvogel
das Drama Calderóns; am 4. 6. 1816 wurde das Stück im Theater an
der Wien aufgeführt. – *Wendt:* Hofrat Amadeus Wendt
(1783–1836), Professor der Ästhetik in Leipzig. Hier ist aber
Wendt ein Pseudonym Josef Schreyvogels (1768–1832). – *dem Redakteur der literarisch-kritischen Modenzeitung:* Wilhelm Hebenstreit (1774–1854). – *Leon:* Gottlieb von Leon (1757–1832), Kustos der Hofbibliothek. – *Schreyvogel empfing mich:* Schreyvogel
war seit 1814 Sekretär des Hofburgtheaters und Dramaturg. Förde-
rer Grillparzers. – *ein endloses Trauerspiel: Blanka von Kastilien.*
– *einen Stoff:* Zu den Quellen und der Entstehungsgeschichte der
Ahnfrau Kommentar I, S. 34 ff. – *Inzwischen war auch . . .:* Zwischen der Übersetzung des Calderon-Textes und dem Besuch bei
Schreyvogel (am 22. 6. 1816) waren drei Jahre vergangen. – *Herber-
stein:* Josef Graf Herberstein-Moltke (1757–1816) wurde kurz vor
seinem Tode zum Hofkammerpräsidenten ernannt. Vgl. das Chro-
nogramm *Ad commilitones.* – *des zweiten Vorstehers:* Hofrat Stingel. – *Schwärzer:* Schmuggler. – *eines beträchtlichen Vermögens:*
Schreyvogel hatte den Rest seines väterlichen Vermögens mit dem
Bankrott des Verlagsunternehmens „Wiener Kunst- und Industrie-
comptoirs" verloren. – *Bekanntschaft mit Männern . . .:* Gemeint
sind Josef Ignaz Martinovics und Andreas Frhr. v. Riedel, die Anführer einer Verschwörung gegen Franz II. – *Mondkalb:* eine
Mißgeburt in Gestalt eines unförmigen Fleischklumpens, unter dem
widrigen Einfluß des Mondes erzeugt (vgl. DWB VI, Sp. 2508). –
Madame Schröder: Sophie Schröder (1781–1868) war von
1815–1830 am Burgtheater. Vgl. dazu das Epigramm *In das
Stammbuch der Schröder.* – *sogleich nach der Aufführung:* am
31. 1. 1817. – *Lange:* Joseph Lange (1751–1831), seit 1770 am
Hofburgtheater, seit 1810 pensioniert. – *Graf Pálffy:* Dem Leiter
des Theaters an der Wien wurde *Die Ahnfrau* gewidmet. – *meinem
jüngsten . . . Bruder:* Adolf Grillparzer war damals 17 Jahre alt. –
Küstner: Er hieß eigentlich Josef Reichel (1787–1821), Schauspie-

ler und Regisseur am Theater an der Wien – *vom Verleger:* Johann Baptist Wallishausser. – *die Heynesche „Iliade": Homeri Ilias cum brevi annotatione curante C. G. Heyne* ... Londini... 1804. 2. Bde. – *Mein Hauptgegner:* Wilhelm Hebenstreit. Vgl. dazu auch das Epigramm *Als Hebenstreit*... – *Weissenbach:* Alois Weißenbach (1766–1827), Professor an der medizinisch-chirurgischen Lehranstalt in Salzburg. – *zufolge der unvertilgbaren Nationalität:* nicht auf den Tiroler Weißenbach, sondern auf den Deutschen Hebenstreit bezogen. – *Wenn ihr mir sagt...:* Diese Stelle ist vermutlich gegen Gervinus' Auffassung des *Macbeth* und gegen seine vernichtende Beurteilung der *Ahnfrau* in seiner Literaturgeschichte gerichtet. – *Leichenfeier:* am 17. 12. 1808. – *Doktor Joel:* Felix Joel (1776–1856); zur Zeit der Direktion Pálffys am Theater an der Wien war er dessen erster Konsulent. Die Begegnung mit Joel fand wahrscheinlich am 29. 6. 1817 statt. – *Weigl:* Josef Weigl (1766–1846), seit 1804 erster Hofkapellmeister, seit 1805 Musikdirektor der deutschen und italienischen Oper. – *Schwester:* Eleonore v. Paumgartten, deren Mann am 25. 11. 1810 gestorben war. – *bei seiner Zurückkunft:* Schreyvogel war vom 17. 6. bis 20. 8. 1817 mit Georg Friedrich Treitschke auf einer Kunstreise durch Deutschland. – *Moreau:* Joseph Moreau (1778–1856), Mitglied des Burgtheaters von 1802–1805 und von 1813–1850, Oberinspizient. – *Madame Löwe:* Julie Sophie Löwe (1786 [oder 1790]–1852), 1810–1812 am Theater an der Wien, 1815–1842 am Burgtheater. – *Herr Korn:* Maximilian Korn (1782–1854), Schauspieler am Burgtheater. – *die Gattin:* Wilhelmine Korn (1786–1843), von 1802–1831 am Burgtheater. – *Ertrag:* Grillparzer erhielt 600 Gulden vom Burgtheater, 10 Dukaten von Dresden, 6 Dukaten von Weimar, 50 Dukaten von Berlin. – *Anträge von den meisten deutschen Buchhandlungen:* Erhalten sind die Anträge von Brockhaus in Leipzig und von der J. G. Vossischen Buchhandlung in Berlin. – *für ein höchst mäßiges Honoror:* Grillparzer erhielt für die erste Auflage der *Sappho* (3000 Exemplare) 144 Dukaten, für die zweite (2100 Exemplare) 100 Dukaten, für die dritte (2100 Exemplare) 100 Dukaten und für die vierte (1000 Exemplare) 500 Gulden. – *Graf Stadion:* Johann Philipp Karl Graf Stadion-Warthausen (1763–1827) war von 1815–1824 Finanzminister. Der Vertrag mit Grillparzer wurde am 1. 5. 1818 auf fünf Jahre abgeschlossen. – *Hofrat Gentz:* Friedrich v. Gentz (1764–1832). Vgl. dazu das Gedicht *Warschau.* – *die günstigste Stimmung:* „Eine Gesellschaft dramatischer Kunstfreunde" überreichte Grillparzer als Ehrengabe eine Aktie der österr. Nationalbank im Wert von 1000 Wiener Gulden und 100 Gulden in bar. – *unter den Zöllnern:* Anspielung auf die Abneigung der Juden gegen die römischen Zöllner. – *den neuen Chef:* Hofrat Claudius Ritter v. Fuljod. Vgl. das Epigramm *Herr Eißel.* – *mein früherer Chef:* Felix Leicher

(1763–1836) war seit 1792 im Zoll- und Kontreband-Referat beschäftigt. – *„Der Traum ein Leben"*: Zur Entstehungsgeschichte
des dramatischen Märchens vgl. Kommentar I, S. 80 ff. – *den Stoff
zu meiner dritten dramatischen Arbeit:* die Trilogie *Das goldene
Vließ.* Vgl. Kommentar I, S. 52 ff. – *Hederichs mythologisches Lexi-
kon:* 1724 erschienen. – *Nibelungenhort:* Grillparzers Behauptung
ist ungenau, da Fouqués Dramatisierung der Nibelungensage bereits
vorlag. – *Ladislaus Pyrker:* 1772–1847. Vgl. dazu das Gedicht
Abschied von Gastein. – *ein solches Verhältnis:* Anspielung auf
Katharina Fröhlich. – *gräßlichen Umstände:* Im Totenprotokoll
befindet sich der Nachsatz: „NB. Hat sich erhängt." (HKA III, 1,
378) – *Paumgartten:* Ferdinand v. Paumgartten (1788–1832) war
seit dem 31. 1. 1818 mit Charlotte Jetzer verheiratet. – *Graf
Deym:* Franz Graf Deym (1769–1832), österr. Major. – *Es war
nämlich in demselben Jahre . . .:* Der Hof reiste am 9. 2. 1819 von
Wien ab und kam am 2. 4. 1819 in Rom an. – *Der Wiener Polizeidirektor:* Franz Frhr. von Siber (1751–1836). – *ich begab mich
mit Graf Deym auf den Weg:* Grillparzer hatte am 24. 3. 1819 die
Reise angetreten. – *das kleine Handels-Trabaccolo:* zwei- oder
dreimastiges Küstenschiff mit „viereckigen Segeln". – *Graf Goes:*
Peter Graf v. Goeß (1774–1846) war seit 1815 Präsident in Venedig und kam im August 1819 als lombardisch-venezianischer Hof-
kanzler nach Wien. – *Bäckersfrau:* Byron war mit Unterbrechun-
gen vom November 1816 bis Mitte Dezember 1819 in Venedig. Im
Karneval 1818 hatte er die Bäckersfrau Margarita Cogni kennengelernt, mit der er etwa ein Jahr lang ein intimes Verhältnis hatte. Als
der Ehemann seine Frau zurückholen wollte, ergriff das Volk Partei
für ihn. Die Frau stürzte sich in den Kanal, wurde aber gerettet und
kehrte auf Byrons Verlangen nicht mehr zu dem Dichter zurück.
Dieser Skandal fand im Karneval 1818 statt, kurz vor Grillparzers
Ankunft. – *wir reisten desselben Abends ab:* am 1. 3. 1819. – *Al-
legri:* Gregorio Allegri (1590–1652), ital. Kirchenkomponist der
Palestrinaschule. Sein *Miserere* wurde jedes Jahr in der Karwoche in
der Sixtinischen Kapelle aufgeführt. – *Den deutschen Künstlern:*
Den Nazarenern. – *Nürnbergerei:* Gemeint ist hier die altdeutsche
Richtung. – *diesen Trank:* in der alten Bedeutung von Arznei. –
Dulcamara: Name des Arztes in Donizettis Oper *Der Liebestrank.*
– *Staatsrat Stifft:* Andreas Joseph Stifft (1760–1836), Leibarzt
von Kaiser Franz. Vgl. das Epigramm *Staatsrat Stifft.* – *Friedrich
Jäger:* Ritter v. Jaxtthal (1784–1871), der gesuchteste Augenarzt
Wiens, seit 1817 Hausarzt des Fürsten Metternich. – *des Grafen
Wurmbrand:* Graf Gundakar Heinrich Wurmbrand-Stuppach
(1762–1847). – *aria cattiva:* schlechte Luft (wegen der Pontini-
schen Sümpfe). – *Vetturinis:* Lohnkutschen. – *der Kaiserin von
Österreich:* Karoline Auguste (1792–1873). – *bester Freund:* Ferdinand v. Paumgartten. – *als deren einstiger Sekretär:* In Wien war

diese Nachricht rasch verbreitet. Vgl. dazu die *Öffentliche Erklärung* vom Juni oder Juli 1819: „Ich finde mich veranlaßt, dem vor einiger Zeit verbreiteten auch in verschiedenen Zeitungen aufgenommenen Gerüchte: ich sei Sekretär Ihrer Majestät der Kaiserin von Oestreich geworden, hiemit öffentlich zu widersprechen. Ich bekleide nicht allein diese Stelle nicht, sondern bin auch, – auf der untersten Dienststufe, als Praktikant der k. k. Hofkammer stehend – durchaus nicht im Stande, die Zwecke irgend Jemandes, insofern es dabei auf Amtsgewalt und Einfluß ankömmt, zu befördern. Diejenigen, die sich übrigens in ähnlichen Angelegenheiten bereits an mich gewandt haben, können ruhig und versichert sein, daß ich ihre aus Irrtum an mich gerichteten Schreiben, jedesmal an die Personen und Behörden abgegeben habe, denen die Würdigung und Entscheidung darüber zusteht." (HKA I, 16, 5) – *Graf Karoly:* Ludwig Graf Károlyi (1799–1863), k. k. Kämmerer. – *Wocher:* Gustav v. Wocher (1779–1858), seit 1844 Feldmarschalleutnant. – *vierten Gesang von Lord Byrons „Childe Harold":* der vierte Gesang wurde am 2. 1. 1818 in Venedig abgeschlossen und erschien am 28. 4. 1818. Grillparzer begann vielleicht noch in Neapel (zwischen dem 15. und 23. 5. 1819) die ersten 11 Strophen zu übersetzen. – *Grafen Wrbna:* Rudolf Graf v. Wrbna-Freudenthal (1761–1823), Oberstkämmerer und nächster Freund des Kaisers. – *Kardinal Consalvi:* Ercole Consalvi (1757–1824), Staatssekretär bis zum Tode von Pius VII. – *Fürst Kaunitz:* Alois Wenzel Fürst Kaunitz (1774–1848), der letzte Fürst der mährischen Linie. – *einem Grafen Schaffgotsche:* Franz Anton Graf Schaffgotsch. – *mehrere meiner weiblichen Bekannten:* Seiner Cousine Marie Rizy brachte Grillparzer aus Rom ein Skapulier mit (vgl. dazu das Epigramm *Marien*). – *In Florenz:* Grillparzer kam am 7. 7. 1819 in Florenz an. – *meines elenden Büreau-Chefs:* Fuljod. – *des Kanzlei-Direktors:* Hugo Frhr. von Eger. – *die nächste Stelle:* Grillparzer faßt die Jahre 1819–1823 zusammen und greift hier auf 1823 voraus. – *Hofkammer:* Präsident der Hofkammer war von 1811–1822 Ignaz Karl Graf Chorinski Frhr. von Ledske (1770–1823). – *Präsidial-Sekretär:* Hofsekretär Georg Dorfner (1773–1844). – *Ein vierter . . .:* Vielleicht ist der Kammerpräsident Franz Graf Klebelsberg (1774–1857) gemeint. – *Karoline Pichler:* 1769–1843. Grillparzer verkehrte in ihrem Hause seit dem Frühjahr 1817. Vgl. Anm. zu dem Gedicht *Frühlingsgedanken*. – *Ihre Tochter:* Carolina Eugenia (1797–1855). – *im Koliseum selbst mit Bleistift angefangen:* Vgl. das Gedicht *Kolosseum*, Vorläufer zu *Campo vaccino*. – *Stolberg:* Leopold Graf zu Stolberg (1750–1819) war 1800 zum Katholizismus übergetreten. – *Die damals noch in herbis befindliche kirchliche Partei:* Der Kreis um Clemens Maria Hofbauer (1751–1820), den ersten deutschen Redemptoristen. – *durch einen hohen Staatsmann:* vermutlich Minister Eduard v. Schenk (1788–1841). –

Kronprinzen: gemeint ist der spätere König Ludwig I. von Bayern. – *Der Präsident der Polizei:* Josef Graf Sedlnitzky (1778–1855). – *im Vorzimmer des Polizeipräsidenten:* Das Gespräch fand vermutlich am 29.11.1820 statt. – *literarischen Koterien:* literarischen Klüngeln. – *mit Ausnahme von zweien:* gemeint sind Müllner und Böttiger. – *des elenden Theater-Hofrates:* Fuljod. – *Madame Vogel:* Katharine Vogel, geb. Duport, Gattin des Schauspielers und späteren Generalsekretärs des Theaters an der Wien Wilhelm Vogel, war von 1819 bis 1824 am Kärntnertor-Theater. – *Ut pictura poesis:* Horaz, *Episteln* 2, 361: „Die Poesie soll wirken wie Malerei." – *der Tag erschien:* 2. April 1821. Es wurden 17 Logen bezahlt. – *ein Stoff:* Ottokar. – *des mir erteilten Urlaubes:* Grillparzers Urlaub war am 15.9.1820 abgelaufen, er war aber nicht in den Dienst zurückgekehrt. Am 4.10.1820 und 17.6.1821 erhielt er scharfe Aufforderung zum Dienstantritt durch Graf Chorinski. Erst im August 1821 kehrte Grillparzer nach einer Abwesenheit von 20 Monaten zur Kanzlei zurück. – *Baron Kübeck:* Karl Friedrich Kübeck Frhr. von Kübau (1780–1855), seit 1840 Präsident der Hofkammer. Vgl. dazu das Gedicht *An Hofrat Karl Ritter v. Kübeck.* – *insolence of office:* Übermut der Ämter, *Hamlet* III, 1, V. 75. – *Baron Pillersdorff:* Franz Xaver Frhr. von Pillersdorff (1786–1862), damals Hofrat im Finanzministerium. – *die gleichzeitige Reimchronik Ottokars von Hornek:* Der Verfasser wird heute Ottokar von Steiermark genannt. Das Werk lag Grillparzer in der 1721 in Leipzig erschienenen Ausgabe von Hieronimus Pez, *Scriptores rerum Austriacarum veteres ac genui,* Bd. 3, vor. – *Ludwig Tieck:* Gemeint ist hier Tiecks Aufsatz über Schillers *Wallenstein* aus den *Dramaturgischen Blättern,* Breslau 1826. – *Mars Moravicus:* Vgl. Quellen zu *König Ottokars Glück und Ende,* Kommentar I, S. 63. – *des Ministerial-Sekretärs:* Franz Xaver Burgermeister Ritter v. Beerburg (1783–1867). – *auf seine Güter:* Grillparzer begleitete Stadion 1823 zweimal nach Jamnitz: Anfang August und von Mitte September bis Mitte Oktober. – *einen Dichter:* Vgl. das Gedicht *Kantate.* – *ein Hofmeister:* Ludwig Jakob Flury (1787–1833). – *da er bald darauf starb:* am 15.5.1824. – *für den sybaritischen Hausherrn:* für den verweichlichten Hausherrn. – *Matthäus Collin:* 1779–1824, Dichter und Philosoph. – *des Herzogs von Reichstadt:* Napoleon II. (1811–1832). – *Anschütz:* Heinrich Anschütz (1785–1864), seit 1821 am Burgtheater. – *Tag der Aufführung:* am 19.2.1825. – *vor ein paar Jahren:* Kotzebues historisches Schauspiel *Rudolf von Habsburg und König Ottokar* war am 14.8.1815 im Theater an der Wien zum erstenmal aufgeführt worden. – *Staatskanzleirat:* Franz Josef Frhr. von Bretfeld-Chlumczansky (1777–1839). – *Baron Hormayr:* Josef Frhr. von Hormayr zu Hortenburg (1782–1848). – *mein Stück in Druck erscheinen lassen:* Zum Erstdruck vgl. Kommentar I, S. 64. – *mein*

Verleger: J. B. Wallishausser. – *ein zweites Wiener Theater:* Im Theater an der Wien fand die Aufführung am 4. 4. 1825 statt. – *Herr Rott:* Moritz Rott (1797–1887) wirkte von 1821 bis 1829 am Theater an der Wien. – *Hofrat der Zensurshofstelle:* Anton v. Vogel. – *in Verwirrung gekommene Herzensangelegenheiten:* bezieht sich auf die Verlobung mit Katharina Fröhlich. – *Dormit puer, non mortuus est:* „Der Knabe schläft, er ist nicht tot." In Anlehnung an die Evangelienstelle Mark. 5, 39 (puella non est mortua, sed dormit). Diese Umbildung findet sich schon vor Grillparzer. – *Ich begab mich daher auf den Weg:* Grillparzer trat am 21. 8. 1826 die Reise an. – *vorbereitete Stoffe aus der böhmischen Geschichte:* Vgl. dazu folgende Notiz: „Diese Stadt bringt mir, außer einem wirklich ausgeführten (Ottokar) auch noch 2 entworfene Trauerspiele ins Gedächtnis. Drahomira und Rudolf II." (HKA II, 8, 225, Tgb. Nr. 1494). – *achttägige Zeit:* Grillparzer war vom 26. 8. bis 3. 9. 1826 in Dresden. – *Winkler:* Karl Gottlieb Theodor Winkler (Pseudonym: Theodor Hell), 1775–1856. – *Tieck:* Er war im Mai 1825 acht Tage in Wien gewesen. – *Böttiger:* Karl August Böttiger (1760–1835), Oberaufseher der Antikenmuseen in Dresden. – *Jean Paul:* Vgl. das Epigramm *Jean Paul.* – *Sängerin Sontag:* Henriette Sontag (1806 bis 1854). Ihr *Vormund* war Broda. – *dieser halben Landsmännin:* Die Sängerin war in Koblenz geboren, aber bereits mit zehn Jahren nach Prag übergesiedelt. – *Das königliche Schauspielhaus:* Hier liegt ein Irrtum Grillparzers vor. Es wurde in den Jahren 1819–1821 von Schinkel anstelle des abgebrannten alten Theaters erbaut. – *Milder:* Pauline Anna Milder (1785–1838) war bis 1815 am Wiener Hofoperntheater, von 1815–1829 in Berlin. – *Seidler:* Karoline Seidler (um 1790–1872) war 1815–1817 an der Wiener Hofoper, 1817–1838 am Berliner Hoftheater. – *nach ihrer ersten Pariser Reise:* Henriette Sontag hatte im Mai 1826 einen zweimonatigen Gastspielantrag nach Paris angenommen. – *La petite morveuse:* Das kleine Rotznäschen. – *Das reizende Geschöpf von damals:* Grillparzer hatte sie zuletzt in Berlin 1847 gesehen. – *doch davon zu seiner Zeit:* Damals hatte Grillparzer noch vor, die *Selbstbiographie* bis in das Jahr 1853 fortzuführen. – *Franz Horn:* 1781–1837, Literarhistoriker und Verfasser von Novellen. – *Mittwochsgesellschaft:* eine von dem Kriminalrat Eduard Hitzig 1824 begründete literarische Vereinigung, der u. a. Chamisso, Varnhagen, Fouqué, Simrock und Eichendorff angehörten. – *von Tieck bis Gervinus:* Tiecks geplanter Kommentar zu Shakespeare wurde nicht vollendet. Gervinus' *Shakespeare,* 4 Bde., erschien 1849–52. – *Varnhagen:* Karl August Varnhagen von Ense (1785–1858). – *Herr Stiglitz:* Heinrich Stieglitz (1801–1849), Bibliothekskustos und Gymnasiallehrer. Seine Frau beging Selbstmord am 29. 12. 1834. – *seine schlicht-natürliche Frau:* Maria Tucher, aus der Nürnberger Patrizierfamilie. – *Herr Saphir:* Moritz Gottlieb Saphir (1795–1858) hatte 1823 Wien verlassen müssen und erregte gerade damals unliebsames Aufsehen in Berlin. Vgl. das Epigramm *Strauß und Saphir.* – *Hoffmann selbst* ... E. T. A. Hoffmann war am 25.6.1822 in Berlin gestorben. – *Ludwig Devrient:* 1784–1832. Der Schauspieler gab im November und Dezember 1828 in Wien 24 Gastrollen am Burgtheater und spielte am 9.12. den Franz Moor im Theater an der Wien. – *Stägemann:* Friedrich August Stägemann (1736–1840) war auch als Dichter bekannt. – *Wittgenstein:* Wilhelm Ludwig Georg Graf (später Fürst) zu Sayn-Wittgenstein-Hohenstein (1770–1851), seit 1819 preußischer Staatsminister. – *von Koterieen:* von Klüngeln. – *einen sächsischen Grafen:* Peter Wilhelm Graf Hohenthal (1799–1859), Intendant des Leipziger Theaters. – *Des andern Tages ...:* Abreise von Berlin am 24.9.1826. – *Castelli:* Ignaz Franz Castelli (1781–1862), Wiener Dichter und Journalist. – *nach dem Vespasianischen Wahlspruch:* Non olet („Es riecht nicht"). – *Professor Wendt:* Hofrat Amadeus Wendt (1783–1836), Professor der Philosophie in Leipzig. Grillparzer charakterisiert ihn folgendermaßen: „Das ist nun so ein Schein-Mensch, ein aufgedunsenes Nichts. In Östreich hielte der Mann sein Maul und verlöre sich unter der Menge, hier schwatzt er und schreibt und gilt." (HKA II, 8, 236, Tgb.Nr. 1523) – *Blümner:* Heinrich Blümner (1765–1839) war auch Inspektor des Leipziger Stadttheaters. – *nach Weimar:* Grillparzer war vom 29.9. bis 3.10.1826 in Weimar. – *Jakob oder Jakobs:* Ludwig Heinrich v. Jakob (1759–1827) war Professor der Philosophie in Halle. Seine *Tochter* Therese Albertine (1797–1870) heiratete 1828 den amerikanischen Gelehrten Edward Robinson. – *einen literarischen Ruf:* Grillparzer denkt an: *Die Unächtheit der Lieder Ossians und des Macpherson'schen Ossians insbesondere,* Leipzig 1840. – *Kanzler Müller:* Friedrich v. Müller (1779–1841), Kanzler in Weimar. – *Kapellmeister Hummel:* Johann Nepomuk Hummel (1778–1837), Schüler Mozarts, Kapellmeister des Fürsten Esterházy, in Wien Musiklehrer der Anna Fröhlich, 1816 Hofkapellmeister in Stuttgart, seit 1819 in Weimar. – *Abstich:* Hintergrund. – *besprochenen Pferde:* bestellten Pferde. – *Mamsell Röckel:* Elisabeth Röckel (1793–1883), Hummels Gattin. – *ein unbedeutendes Stück ...: Armut und Edelsinn* von Kotzebue. – Johann Jakob *Graff* (1768–1848) spielte seit 1793 am Weimarer Theater. – *der verhängnisvolle Tag:* 1.10.1826. – *Goethes Schwiegertochter:* Ottilie v. Goethe, geb. von Pogwisch (1796–1872), seit April 1817 mit August v. Goethe verheiratet, 1839 siedelte sie nach Wien über, wo sie bis 1872 lebte. Grillparzer verkehrte in ihrem Hause. – *mit ihrer frühgeschiedenen Tochter:* Alma v. Goethe. – *eine andere Beschäftigung:* die Arbeit an dem Trauerspiel *Ein treuer Diener seines Herrn.* – *Zeichner:* Johann Joseph Schmeller (1796–1841), seit 1824 Lehrer an der Zeichenschule in Weimar, später in München. – *durch seinen Sohn:* Julius August v. Goethe (1789–1830). – *seine*

Bekanntschaft mit der Kaiserin: 1810 hatte Goethe die Kaiserin Maria Ludovica (1787–1816), die dritte Gemahlin von Kaiser Franz, in Karlsbad kennengelernt. Am 11. 2. 1811 erhielt er für seine Huldigungsgedichte eine goldene Dose mit einem brillantenen Kranz. – *das kaiserlich östreichische Privilegium:* vom 27. 8. 1825. – *Am Tage meiner Abreise:* am 3. 10. 1826. – *Diligence:* Postwagen. – *Rückert:* Friedrich Rückert (1788–1866) lebte von 1820–1826 als Privatgelehrter in Coburg. Er war Ende 1818 mit dem schwedischen Dichter Atterbom in Wien gewesen und hatte dort Grillparzer kennengelernt. – *Cornelius:* Peter Ritter von Cornelius (1783–1867) führte von 1820 an die Freskomalereien der Münchner Glyptothek aus. – *Schenk:* Eduard v. Schenk (1788–1841) wurde erst am 1. 9. 1828 Minister des Innern. Grillparzer irrt sich also, wenn er von dem *damaligen Minister* spricht. – *eine ziemliche Anzahl Stoffe:* Vgl. das Stoffverzeichnis vom November 1826 in HKA II, 8, 245. – *die Sage vom Palatin Bancbanus:* Vgl. Anm. zum *Treuen Diener,* Kommentar I, S. 68 ff. – *Als die damals regierende Kaiserin . . . :* Die hier dargestellten Vorgänge fallen in die Zeit vor der Deutschlandreise. Die *Krönung in Preßburg* hatte am 25. 9. 1825 stattgefunden. – *Moritz Graf von Dietrichstein-Proskau-Leslie* (1775–1864) war seit 1814 in verschiedenen Stellungen am Hofe tätig: 1821–26 als Hoftheaterdirektor, als Präfekt der Hofbibliothek, als Obersthofmeister und Oberstkämmerer. – *Bonfinius:* Antonius Bonfinius Asculanus (1414–1502) lebte am ungarischen Königshof und verfaßte das Werk *Rerum Hungaricarum decades quatuor.* – *Istvanfius:* Nikolaus Istvanfyius (1538–1615). Hauptwerk: *Historiarum de rebus Hungaricis libri XXXIV.* – *von einem höchst subordinierten Schriftsteller:* dem Possendichter Karl Meisl (1775–1853). Er schrieb *Gisela von Bayern, erste Königin der Magyaren,* ein historisches Schauspiel in drei Aufzügen. – *Graf Czernin:* Johann Rudolph Graf Czernin von Chudenitz (1757–1845). Als Chef des Oberstkämmereramtes waren ihm auch die Hoftheater unterstellt. Vgl. das Gedicht *Bretterwelt.* – *Nach dem Tode des Grafen Stadion:* in der Nacht vom 14. auf den 15. 5. 1824. Sein Nachfolger war Michael Graf Nádasdy-Fogáras (1775–1854). – *die Ludlams-Höhle:* Vgl. *Der Zauberflöte zweiter Teil* und *Verteidigungsschrift nach Aufhebung der Ludlamshöhle.* – *Baron Zedlitz:* Joseph Christian Frhr. von Zedlitz-Nimmersatt (1790–1862). Vgl. dazu das Gedicht *Gegen Zedlitz.* – *bei der Genesung des Kaisers Franz:* Vgl. dazu das Gedicht *Vision.* – *ein Polizeidirektor:* Alois Edler v. Persa (1770–1829). Vgl. dazu das Epigramm *Persa.* – *bei tiefer Nacht von Polizeibeamten überfallen:* in der Nacht vom 18. auf den 19. 4. 1826. – *der Archivsdirektor:* Johann Georg Megerle v. Mühlfeld (1780–1831). – *eine Personalzulage:* Grillparzers Vorgänger bezog ein Grundgehalt von 1500 Gulden und erhielt seit April 1817 wegen seiner besonderen

Verdienste eine Zulage von 500 Gulden. – *Als die Zeit heran-
kam . . .:* Am 10. 1. 1833 hatte der Hofkammerpräsident Graf Klebelsberg eine Erhöhung des Gehalts auf 2000 Gulden dem Kaiser
vorgeschlagen. – *in einigen Strophen:* Vgl. dazu das Gedicht *Auf
die Genesung des Kronprinzen.* – *ein Freund:* Martin Perfetta,
Rechnungsrat der Hofkriegsbuchhaltung. – *der Redakteur* . . .: Friedrich Witthauer (1793–1846). – *Zensor:* Johann Ludwig Deinhardstein (1790–1859), 1832–1841 Vizedirektor des Burgtheaters.
– *Feile Schufte:* Gemeint ist vor allem der Zensor Johann Baptist
Rupprecht (1776–1846). Vgl. dazu das Epigramm *O Knecht
Rupprecht.* – *ein Staatsrat:* Karl Joseph Alois Frhr. von Lederer
(1772–1860). – *der Bauchredner Alexandre:* Alexandre Vattemare,
Bauchredner und Mimiker, trat damals mit großem Erfolg im
Kärntnertortheater auf. – *Schauspieler:* Küstner. – *es war um diese
Zeit:* Irrtum Grillparzers, die Entstehung der *Melusina* in den An-
fang der 30er Jahre zu versetzen. Beethoven war am 26. 3. 1827 gestorben. Die Niederschrift der *Melusina* erfolgte 1823. Das Stück
wurde aber erst 1833 bei J. B. Wallishausser gedruckt und am
27. 2. 1833 am Königsstädter Theater in Berlin uraufgeführt. – *die
Möglichkeit einer Reise:* Abfahrt von Wien am 30. 3. 1836. – *die
Bekanntschaft Uhlands:* Grillparzer hielt sich in Stuttgart erst auf
der Rückreise am 26. und 27. 6. auf. – *in der Fremde:* bezieht sich
auf Uhlands späteren Aufenthalt in Wien vom 9. 7. bis 8. 8. 1844
(vgl. Gespr. III, 171, Nr. 696). – *Alexander Dumas:* Alexandre
Dumas der Ältere (1802–1870). – *durch einen deutschen Arzt:*
Johann Ferdinand Koreff. – *Egeria:* weissagende Quell- und Geburts-
göttin. – *Talma:* François Joseph Talma (1763–1826), Schauspieler.
– *Rachel:* Elisa Rachel (1820–1858) wirkte von 1838–1855 am
Théâtre-Français. Grillparzer sah sie 1850 in Wien. – *Mars:* Anne-
Françoise-Hippolyte Salvetat (1799–1847). – *in den „Falschen Ver-
traulichkeiten":* Gemeint sind *Les Fausses Confidences* von Pierre
Carlet De Chamblain de Marivaux (1688–1763). – *in der blinden
Gabriele: Valerie* von Augustin Eugène Scribe (1791–1861), 1822
uraufgeführt. Am 13. 3. 1823 wurde das Stück in der Bearbeitung
von Castelli am Burgtheater gespielt. – *Ligier:* Pierre Ligier
(1796–1872) war von 1820–1823 an der Comédie Française, 1825
am Odéon, 1829 am Theater Porte-Saint-Martin und von
1832–1852 wieder an der Comédie Française engagiert. – *Meyerbeers „Hugenotten":* Giacomo Meyerbeers Oper *Les Huguenots* war
am 29. 2. 1836 uraufgeführt worden. – *genre ennuyeux:* langweilige
Manier. – *Thalberg:* Sigismund Thalberg (1812–1871), ein natür-
licher Sohn des ehem. Oberstkämmerers Graf Moritz Dietrichstein
und einer Baronin Wetzlar. Trat 1829 als Klaviervirtuose in Wien
auf, war 1835–1837 in Paris. Vgl. dazu auch das Epigramm *Thalberg.* – *ein neuer „Faust":* 1836 war in Stuttgart Lenaus *Faust* erschienen. – *Heine fand ich . . .:* Heine hatte bereits am 13. 11. 1833

an Grillparzer geschrieben. – *ostensible:* sichtbare. – *den Schriftsteller Custine:* Alphonse Marquis de Custine (1790–1857) oder Adolphe Marquis de Custine (1793–1851). – *Rothschild:* James Maier Rothschild (1792–1868) war mit seiner Wiener Nichte Betty Rothschild (1805–1886) verheiratet. – *Rossini:* Gioacchino Antonio Rossini (1792–1868) hatte bis 1822 in Italien gelebt. 1829 hatte er seine letzte Oper *(Wilhelm Tell)* geschrieben. – *Krönung des Kaisers:* Die Krönung Kaiser Ferdinands zum König der Lombardei und der venezianischen Provinzen fand am 6. 9. 1838 in Mailand statt. – *ein Engländer:* Mr. Brandt (auch im Tagebuch oft erwähnt). – *nach Boulogne:* Abreise von Boulogne am 16. 5. 1836. – *ein dänischer Hauptmann Czerning:* Anton Tscherning (1795–1867), später dänischer Kriegsminister. – *Figdor:* Gustav Figdor (1816–1878). Vgl. dazu das Epigramm *In Gustav Figdors Stammbuch.* – *Shiel:* Richard Lalor Shiel (1781–1851), irischer Politiker. – *Der Minister Peel:* Sir Robert Peel (1788–1850), seit 1834 Lord-Schatzkanzler im Ministerium Wellington. – *O'Connell:* Daniel O'Connell (1775–1847), Rechtsanwalt, Befürworter der Unabhängigkeit Irlands. – *Eines Abends:* am 2. 6. 1836. – *Bulwer:* Eduard George Earl Lytton-Bulwer (1803–1873) war 1832–1841 Vertreter der Stadt Lincoln. – *Macready:* William Charles Macready (1793–1873), Leiter des Haymarket-Theatre. – *Einer der beiden Kemble:* Charles Kemble (1775–1854) spielte bis 1842. Sein berühmterer Bruder John Philip Kemble (geb. 1757) war bereits 1823 in Lausanne gestorben. – *„Romeo und Julie":* Diese Aufführung fand nicht in der English Opera statt, sondern im Haymarket-Theatre (6. 6. 1836). – *den Namen Romeos:* Frederick Vining (1790–1871). – *„Die Jüdin":* Gemeint ist *La Juive* von Jacques Frommenthal-Halévy (1799–1862). – *Am Pfingstmontage:* am 23. 5. 1836. Die Vorstellung fand im Covent Garden statt. – *ein Shakespearisches Stück:* Macbeth. – *eine elende Posse: Steel Pavillion, or the Burgomaster's daughter, operatic romance* von George Herbert Buonoparte Rodwell (1800–1852). – *die Geschworenengerichte:* Durch die Verfassung vom 14. 3. 1849 eingeführt, wurden sie durch die kaiserliche Verordnung vom 11. 1. 1852 wieder aufgehoben. – *der Tag der Abreise:* 16. 6. 1836. – *eine längere Strecke Eisenbahn:* von Mecheln bis Brüssel. – *Den weitern Weg:* Im Tagebuch erwähnt Grillparzer Aachen, Köln, Koblenz, Mainz, Wiesbaden, Frankfurt, Stuttgart, München. – *Unterdessen...:* Kaiser Franz war schon am 2. 3. 1835 gestorben. – *Erzherzog Ludwig:* 1784–1864, der zweitjüngste Bruder von Kaiser Franz I. Von 1835–1848 stand Erzherzog Ludwig an der Spitze der österr. Staatskonferenz. – *Ungefähr um diese Zeit...:* Noch zu Lebzeiten von Kaiser Franz. Der Vorstand der Wiener Universitätsbibliothek Johann Wilhelm Riedler war am 23. 1. 1834 gestorben. – Grillparzers Gesuch an die Studienhofkommission ist vom 20. 5. 1834 da-

tiert. Erst am 23. 1. 1838 wurde die Stelle Franz Lechner, dem
2. Kustos der Hofbibliothek, verliehen. Am 1. 2. 1838 erhielt Grillparzer sein Gesuch mit dem negativen Bescheid zurück. – *von einem
dortigen Vorgesetzten:* Ignaz Franz Edler von Mosel (1772–1844).
– *Eine wunderschöne Frau:* Marie v. Smolenitz (1808–1880). Vgl.
dazu das Gedicht *Rangstreit*. – *Als es zur Aufführung kam:* Die
Uraufführung fand am 5. 4. 1831 statt. – *einer begabten Schauspielerin:* Marie Bayer-Bürck (1820–1910), seit 1841 am Dresdner
Hoftheater. Gastspiele am Burgtheater in den Jahren 1851, 1853,
1854 und 1856. Mit größtem Erfolg spielte sie am Burgtheater die
Hero zum erstenmal am 29. 11. 1851. – *Es fehlte nämlich . . .:* Vgl.
dazu das Epigramm *Trotz Angst und Mühn* aus dem Jahre 1856/57.

Kleinere autobiographische Schriften

ÖFFENTLICHE ERKLÄRUNG

E: Juni oder Juli 1819. – Veranlaßt durch die Gerüchte, die im
Gesellschafter vom 9. 6. 1819 und in der *Vossischen Zeitung* vom
10. 5. 1819 standen. Vgl. dazu auch *Selbstbiographie* (HKA I, 16,
152). – Die Niederschrift erfolgte entweder in Neapel oder kurz nach
der Rückkehr nach Wien.

ANSPRACHE AN DIE BEAMTEN DES HOFKAMMERARCHIVS

E: Januar 1832. – Am 13. 11. 1831 hatte sich Grillparzer um die
Stelle des Archivdirektors der Finanzhofstelle beworben (vgl. dazu
auch *Selbstbiographie*, HKA I, 16, 209).

AN DEN MOND

E: Vielleicht 1834/1835. – Vgl. dazu auch *Selbstbiographie*,
HKA I, 16, 81 f.

Schulfeiertag: Vielleicht ist der 15. August (Mariä Himmelfahrt) gemeint. In der *Selbstbiographie* (HKA I, 16, 81) heißt es *über Sonn-
tag,* das wäre aber 1804 der 12. August gewesen. Hier liegt also eine
kleine chronologische Ungenauigkeit vor. – „*Der Wolf und das
Lamm":* Ein Heft mit Jugendgedichten von Grillparzer enthält diese Fabel unter dem Titel *Der Räuber und der Wolf.*

MEINE REISE NACH ITALIEN

E: Frühjahr 1844. – D: K. E. Franzos, *Deutsche Dichtung* VI (1889), S. 64. – Grillparzers Aufsatz wendet sich gegen einen Absatz in Caroline Pichlers 1844 erschienenen *Denkwürdigkeiten aus meinem Leben.* Die Stelle lautet: „Im folgenden Frühling machte unser Hof eine Reise nach Italien. Grillparzers dichterischer Ruhm, sowie seine einnehmende Persönlichkeit hatten ihm viele Freunde und Theilnehmer an seinem Wohl erworben, und so fand er Gelegenheit, sich Personen des Hofes anzuschließen und die Reise im kaiserlichen Gefolge mitzumachen, wozu ihm Jedermann, der ihn kannte, Glück wünschte, weil man sich eine günstige Einwirkung auf sein Gemüth wie auf seine Gesundheit versprach. Sein väterlicher Freund und Rathgeber, Schreyvogel, interessierte sich sehr dafür und freute sich dieses glücklichen Zufalls für seinen Günstling, und dieser in jugendlich frischem Muthe, wie ihn ihm die Hoffnung, das hesperische Land zu sehn, einflößte, rezitierte uns ein Gedicht, welches er auf die bevorstehende Reise gedichtet und wovon ich eine Strophe behalten habe... Wie wenig entsprach der Erfolg diesen fröhlichen Erwartungen!" (Zit. nach HKA I, 16, 244).

der gegenwärtige Vorstand: Baron Kübeck. – *meiner Stelle:* meines Amtes. – *Oberstkämmerer und Reisemarschall:* Graf Rudolf Wrbna-Freudenthal. – *ich habe keinen silbernen Löffel gestohlen:* Dieser Ausspruch war in Wien ein geflügeltes Wort.

Erinnerungen

ERINNERUNGEN AN MARIE V. PIQUOT

E: 5. 5. 1822. – D: SW VIII, 97 ff., Stuttgart 1872. – Die Familie von Piquot gehörte zum Kreise des Hauses Pichler. Marie (1798–1822) war eine Freundin von Lotte Pichler. Die von Grillparzer verfaßte Grabschrift scheint nicht verwendet worden zu sein.

Porträt: Das von Marie von Piquot gezeichnete Bild Grillparzers, das die Unterschrift trägt: „Die dich liebt – flieh!", ist im Nachlaß des Dichters erhalten, ebenso ihr eigenes Bild. – *in ihrem letzten Willen:* Zwischen ihrem eigenen eingerahmten Bild und dem hinteren Schutzblatt war eine Abschrift ihres Testamentes vom 22. 3. 1821 verborgen, die Grillparzer selbst nicht entdeckt hatte. Abdruck des Textes nach HKA II, 8, 406 ff.:

„Abschrift

den 22. März 1821

Ich habe heute Morgen einen Traum von so merkwürdigem In-
halte und so besonderer Klarheit und Bestimmtheit gehabt daß ich
nicht unterlaßen kann ihn aufzuschreiben.

Nachdem ich um 6¼ Uhr auf einige Augenblicke aufgewacht
war schlief ich bald wieder fest ein, und da träumte mir folgendes:

Ich war an einem Ort den ich nie zuvor gesehen zu haben mich
erinnerte, obwohl ich mir bewußt war daß es ein Theil der Stadt
Wien war. Ich stieg oder kroch vielmehr einen jähen Abhang hin-
auf, und als ich oben war, waren wieder von mehreren Seiten Ab-
hänge hinunter von schwindelnder fürchterlicher Steile, aber alle
waren, wie ordentliche Stadtstraßen gepflastert, und mit Häusern
eingefaßt. Ich wollte den Nahmen einer dieser Straßen wissen,
und näherte mich einem Eckhause das eine Inschrift trug. Es war
eine, zwar frische und unversehrte, aber durch die ganz veralteten
Züge mir völlig unleserliche Gothische Schrift. Bei längerer Be-
trachtung kam es mir wieder nicht wie eine Schrift, sondern wie
ein etwas verdunkeltes und undeutliches Bild vor. Nun kommt
eine dunkle Stelle im Traume, deren ich mir nicht deutlich bewußt bin. Mir ist dunkel als wäre ich in einem seltsamen Wagen
gefahren, wo die Pferde mit mir durchgingen. Bald war ich aber
wieder an derselben Stelle. Dann kam ich in ein Haus in ein dü-
stres Zimmer, das *vis-a-vis* des Eingangs einen Ausgang hatte.
Ich öffnete die Thüre, und sah nun vor mir einen ziemlich großen freien Platz mit hohen Eisengittern umgeben, das Ganze sah
halb Garten- halb Kirchhofartig aus. Links, zurück, aus einer
Art von Kirchenthor kamen eine Menge Menschen – ich glaube nur Männer – in altdeutscher Bürgertracht meist alle mit ge-
scheiteltem zur Seite gelocktem, goldgelbem Haar – ein Theil trat
in das düstre Zimmer unter ihnen ein Priester wie sie jetzt geklei-
det sind aber nicht im Ornat sondern in der schwarzen härnen
Tunicka der Weltpriester. Der redete mich auf französisch an und
fragte wer ich sey. Ich habe vorher zu sagen vergeßen daß ich, als
ich die Thüre ins Freye öffnete, zu Karln, der erst in diesem Au-
genblick neben mir stand, sagte: Sieh da sind ja altdeutsche Leute
wir sind in die Vorzeit zurück versetzt, so mag Wien vor
300 Jahren gewesen seyn. – Nachher als der Priester mich anrede-
te war ich allein ohne Karl unter den fremden Menschen und bald
darauf ganz allein mit dem Priester. – Ich antwortete ihm scher-
zend auf französisch, – „ich könnte mich leicht für eine Fremde
ausgeben aber ich will die Wahrheit sagen – ich bin eine Wiene-
rin, setzte ich deutsch in Wienerischer Mundart hinzu. – Du bist
hier, sagte er wieder auf deutsch, in der Wohnung der Abgeschie-
denen, sieh so hat Wien vor 300 Jahren ausgesehen. Ich sah um-

her. Daß du im Traum hieher versetzt worden, hub er wieder an, ist ein Zeichen daß du noch heute wirklich unter uns seyn wirst. Wie Gott will sagte ich, kniete nieder und betete. Darauf zeigte er mir eine beschriebene oder bedruckte Tafel ebenfalls in uralter gothischer Schrift wo nach einer großen Uiberschrift mehrere Abtheilungen von einigen Zeilen waren, und zwischen jeder dieser weitgesonderten Abtheilungen eine große, gothisch verzierte und verschlungene Zahl einen Bruch vorstellend wie $5^2/_3$ – $1^3/_4$ – $6^1/_2$. & Er nannte diese Zahlen der Reihe nach und da konnte ich nachher eine schwache Ähnlichkeit mit unsern jetzigen Ziffern herausfinden dann rechnete er sie still zusammen zeigte mir dann eine Uhr die $^1/_4$ nach 12 Uhr zeigte und sagte: um 10 Uhr, – Morgen Abends? fragte ich, Ja erwiederte er, bis dahin lache nicht laut, scherze nicht; Wie Gott will, sagte ich wieder, konnte aber die Thränen nicht zurück <er> halten. Warum weinst du? fragte er, freue dich vielmehr. Ach sagte ich, wenn man vom Leben scheiden soll. – Es kostet immer etwas Kampf, fiel er ein. Einen schweren Kampf, versetzte ich, zumal wenn man noch jung und lebensfroh ist. – Und ach meine armen Eltern – hier fing ich heftig an zu weinen – die Gegenstände verdunkelten sich zerfloßen – und ich erwachte. – Es war ein Viertel auf 9 Uhr.

Dieser Traum war ein Morgentraum. – Man sagt die gehen in Erfüllung. Ich glaube zwar nicht eigentlich an Träume aber ich kanns nicht läugnen daß dieser mich tief erschüttert hat. Für den Fall daß er in Erfüllung gehen sollte, so richte ich, diese Zeilen an dich mein guter Karl, der du immer so ganz mein Bruder, mein treuer liebevoller Freund warst. Sie sollen die Stelle eines letzten Willens vertreten. Wenn ich sterbe, so weine um mich mein guter Karl, weint alle um mich, meine theuern Ältern, Verwandte und Freunde, und zumahl, bewahrt mein Andenken vergeßt mich nicht. Der Gedanke von all meinen geliebten Freunden vergeßen zu werden ist schrecklich und ich habe es auch nicht verdient, denn ich war bei all meinen Fehlern gut, habe niemanden beleidigt, und euch alle herzlich geliebt. Also beweint mich, aber hadert nicht mit Gottes Fügung, murret nicht über meinen frühen Tod Gott hat es wohl gemacht, und mein Leben war ja in den letzten Jahren nichts als eine fortgesetzte Kette wechselnden Kummers aller Art. Abgerechnet den beständigen Gram den mir die hinfällige Gesundheit meiner guten Mutter und später auch das sichtbare Hinwelken meiner eigenen verursachte, so verlor ich meine gute Mariandel deren Tod ich wohl nie ganz verschmerzen würde wenn ich auch lange gelebt hätte. Nach einem Jahre indeß war diese Wunde doch etwas vernarbt, da muß in meinem Herzen die unglückseelige unerwiederte Neigung zu *Grillparzer* entstehn, und mir aufs neue zahllose Thränen kosten. Ja ich habe ihn wahrhaft, mit aller Kraft meiner Seele geliebt, und obgleich er meine Liebe nicht erwiedert, ja nicht einmal geahnt hat, so verliert er doch viel an mir, denn bei seinem Mangel an den äussern Vorzügen, die das weibliche Geschlecht meist ausschließend anziehen, wird er nicht leicht ein Weib finden, die ihn so heiß so unaussprechlich liebt, um so mehr da vielleicht nicht viele Menschen eines solchen Grades von Liebe überhaupt fähig sind. Es ist, ich gestehe es ein heißer Wunsch von mir daß er ein Geschenk von mir als Andenken behalte, und bestimme dazu sein von mir gezeichnetes Bild, und daß er einen wenn auch noch so kurzen Nachruf an mich dichte, nicht als Grabschrift sondern um in den Händen meiner Familie zu bleiben. Sagt ihm, oder laßt ihm wenigstens errathen daß ich ihn geliebt und daß ich das von ihm fordere gleichsam als Ersatz für die unsäglichen Leiden die er ohne es zu wissen und zu wollen, mir verursacht. Sagt es ihm ja, denn dann wird er mir doch vielleicht eine Thräne des Mitleids, des Schmerzes nachweinen, und diese Idee hat für mich etwas unendlich tröstendes so wie mir im Gegentheil der Gedanke ganz unbedauert von ihm zu sterben schrecklich ist.

Sollte *Grillparzer,* was ich nicht glaube, ein Bild von mir zu besitzen wünschen, so gebt ihm mein erstes wo ich im grünen Kleide mit der schwarzen Perlschnur gemahlt bin, oder laßt mein letztes in *Conté* Kreide gearbeitetes *Porträt* für ihn copiren. –

Und mein guter Karl bitte und beschwöre ich dich pflege und warte deine guten Eltern und mache ihnen Freude wo du kannst, denke daß du jetzt ihr Einziger bist, und daß du mein dir gewiß theures Andenken nicht beßer ehren kannst, als wenn du ihnen Freude machst. Bitte sie mir zu verzeihen daß ich an sie keine Zeilen richte, aber erstlich ist meine Zeit sehr kurz, und dann glaube ich nicht, daß sie die Kraft haben würden sie zu lesen. Von dir, lieber Karl, fordre ich sie aber, du bist der jüngste, der gesundeste, derjenige der am wenigsten gelitten hat, du mußt Kraft für sie haben. Sage ihnen sie möchten mir verzeihen, wenn ich sie jemals gekränkt hätte, sie möchten meine Fehler vergeßen, und meiner in Liebe gedenken. Ich würde wenn uns jenseits noch eine Erinnerung an das verlaßene Leben auch jenseits, nie ihre unendliche Liebe und Güte vergeßen und vorzüglich nie die liebevolle Weichheit und Zartheit, mit der zumal meine treffliche Mutter mich seltsames allzuweiches und reitzbares Wesen immer behandelt hat. Sage meiner geliebten Mutter daß ich ihr sterbend meinen *Tasso* empfehle, sie soll ihn als ein theures Vermächtniß von mir ansehen, und ihn nie verlaßen, sie soll als mütterliche Freundin für den Armen sorgen der doch so gut als allein steht in der Welt, und der gewiß viele Bewunderer, aber vielleicht nicht einen einzigen wahren sorgenden Freund hat. Es wäre sehr schön wenn ihr ihn ins Quartier nähmt um ganz für seine Gesundheit und sei-

ne Stimmung wie für die eines Sohnes zu sorgen; die Welt kann
nichts dawider einwenden, da ich todt bin. Noch einmal sorgt mir
für meinen *Grillparzer.* –

Und nun lebet wohl meine theuern Eltern, lebe wohl mein ge-
liebter Karl, du mein lieber Onkel du meine gute Tante vergeßt
mich nicht – Jenseits sehen wir uns wieder! –"

MEINE ERINNERUNGEN AN BEETHOVEN

E: 1844/1845. – D: SW VIII, 105 ff., Stuttgart 1872. – Grillparzer wendet sich gegen einen Aufsatz von Ludwig Rellstab
(1799–1860), der in der Zeitschrift *Weltgegenden* von 1841 unter
dem Titel *Beethoven. Ein Bild der Erinnerung aus meinem Leben* erschienen war. Vgl. auch das Gedicht *Beethoven.*

meines Verhältnisses: Rellstab war im April 1825 längere Zeit in
Wien und wollte einen Operntext für Beethoven schreiben. Dessen
Reaktion bei seinem Besuch gibt Rellstab wörtlich wieder: „Sie wollen mir eine Oper schreiben . . . das würde mir eine große Freude
sein! Es ist so schwer ein gutes Gedicht zu finden! Grillparzer hat
mir eins versprochen; er hat schon eines gemacht; doch wir können
uns nicht recht verstehen. Ich will ganz anders wie er!" (Zit. nach
HKA I, 16, 245). Rellstab besuchte darauf Grillparzer, um von
ihm zu erfahren, was Beethoven von dem Operngedicht erwartete:
„Doch auch hier traf ich einen wenigstens Halbkranken. Was er
mir über das Unternehmen, für Beethoven eine Oper zu dichten,
sagte, war allerdings nicht geeignet, große Hoffnungen zu erwecken.
Es gewährte mir die Überzeugung, daß der edle Geist zu einer
dauernden Anspannung zu ermattet sei von dem schwer lastenden
Geschick, das er nun schon so lange Jahre getragen. – Daß Grillparzer
nicht einig mit Beethoven werden konnte, mochte indessen wohl
auch an diesem und an dem Gedichte, das er gewählt liegen.
Wenigstens wenn es dasselbe war, welches er späterhin an Con-
radin Kreuzer zur Composition überlassen, so begreife ich vollkommen, daß Beethoven sich, so viel Schönes es einzeln enthielt, nicht
dafür erwärmen konnte, und immer zu tadeln fand, wenn gleich er
sich selbst nicht recht bewußt geworden sein mag, worin der Grund
eigentlich gelegen, aus dem er dieser Dichtung stets wie ein Fremder
gegenüberstehen mußte. Es war eine notwendige Idiosynkrasie, die
näher zu entwickeln hier nicht her gehört." (Zit. nach HKA I, 16,
246). – *Es mochte in den Jahren 1804 oder 5 gewesen sein:* Die
musikalische Abendunterhaltung muß im Juli 1805 stattgefunden
haben. – *Cherubini:* 1760–1842, ital. Komponist, kam nach dem
5. 7. 1805 von Paris nach Wien. – *Abbé Vogler:* Georg Joseph Vog-

ler (1749–1814), Komponist und Orgelspieler. – *Ein oder zwei Jahre darauf:* vermutlich 1808. – *In einem der darauf folgenden Sommer:* Das genaue Datum läßt sich nicht feststellen (vgl. HKA I, 16, 247 f.). – *Kotter:* bayrisch-österr. Wort (Vgl. DWB V, Sp. 1899). – *im Kaffeehause:* Gemeint ist das Kaffeehaus in der Plankengasse. – *Ludwig Stoll:* 1778–1815, verbrauchte sein großes Vermögen auf weiten Reisen. Zusammen mit Leo v. Seckendorff gab er in Wien die Zeitschrift *Prometheus* heraus. Beethoven vertonte 1811 und 1812 Stolls Gedicht *O daß ich dir vom stillen Aug in seinem liebevollen Schein.* – *befanden sich zwei: Melusina* und *Drahomira* (vgl. HKA II, 4, 361 ff.). – *auf demselben Wege . . .:* durch Graf Lichnowsky. – *Schindler:* Anton Schindler (1795–1864). Die von ihm verfaßte Beethoven-Biographie erschien 1840 in Münster. Schindler berichtete Beethoven von seinem Besuch bei Grillparzer: „Bei Grillparzer war ich itzt. Lichnowsky kommt gestern zu ihm und sagt ihm, Sie hätten ihn geschickt, wegen dem Buch. Obwohl er es ihm nicht gern gegeben und sich vorbehalten, mit Ihnen selbst zu sprechen, so hat er es ihm doch eingehändigt, indem er sagte, er werde sogleich es Ihnen übergeben." (Gespr. II, 180, Nr. 314) – *einen Kontrakt:* In der ersten Unterredung wurden weder Honorar noch Kontrakt besprochen. Auf beides ging Beethoven erst in seinem Brief vom Januar 1824 ein, worauf Grillparzer Beethoven am 26. oder 27. 1. 1824 besuchte. – *nie auf ein Honorar oder dergleichen . . .:* Diese Aussage ist nicht ganz zuverlässig. Am „26. oder 27. 1. 1824" steht in Beethovens Konversationsheften folgende Äußerung Grillparzers: „Ich habe schon früher mich zweimal an die Direktion gewendet, aber keine Antwort erhalten. – Ich habe auch schon früher erklärt, 100 Dukaten dafür fordern zu müssen. – Weil denn doch eigentlich aller Vorteil eines Opernbuches sich auf jenes Theater beschränkt, wo es zum erstenmal aufgeführt wird. – Ich hätte aus demselben Stoff ein rezitiertes Schauspiel machen können, das mir mehr als dreimal soviel getragen hätte. – Ich muß soviel fordern, um meine Verbindlichkeiten gegen Wallishausser erfüllen zu können. – Sie geben für gewöhnliche Opernbücher bis 300 fl. Konventionsgeld." (Zit. nach HKA I, 16, 251). – Grillparzer verteidigt hier also im Gegensatz zu seinem Bericht seine Honoraransprüche gegen Beethoven. – *als einem Verstorbenen:* Anspielung auf Pückler-Muskau (1785–1871), der die *Briefe eines Verstorbenen* (1830/31) veröffentlicht hatte. – *Lebendigen:* Herwegh hatte 1841–1844 *Gedichte eines Lebendigen* herausgegeben. – *Reisenovellen:* Anspielung auf Laube, dessen *Reisenovellen* 1834–1837 erschienen waren. – *nach ein paar Tagen:* Nach den Gesprächsbüchern scheint die Abtretung des Eigentumsrechtes an Wallishausser bereits früher erfolgt zu sein. – *ich weiß nicht mehr wo:* in Wamers Gasthaus „Zur Eiche" auf der Brandstätte am 8. 4. 1826 (vgl. Gespr. II, 284 ff., Nr. 437). – *hinter seinem Sarge:* Beethoven starb am 26. 3. 1827; das Leichenbegängnis fand am 29. 3. statt. – *in der Prägnanz:* erste Lesart: in dem Geiste. – *Es geht ein Mann:* Vgl. das Gedicht *Wanderszene.*

MEINE ERINNERUNGEN AUS DEM REVOLUTIONSJAHR 1848

E: September / Oktober 1850. – D: SW⁴, 6. Ergänzungsband, 201 ff., Stuttgart 1887/8. – Anlaß der Niederschrift der Erinnerungen ist die im Dezember 1849 anonym erschienene Schrift *Genesis der Revolution* von dem damaligen Kultusminister, dem Grafen Franz v. Hartig (1789–1865). Vgl. dazu auch den Aufsatz *Aufrufe aus der Revolutionszeit.*

Fürst Metternich: Vgl. dazu den Aufsatz über Metternich. – *seine Begeisterung für Lord Byron:* Vgl. *Selbstbiographie* (HKA I, 16, 148) – *Graf Kollowrat:* Franz Anton Graf Kolowrat-Liebsteinsky (1778–1861). – *Die Landstände:* Die niederösterreichischen Landstände setzten sich mit den böhmischen und mährischen Landständen in Verbindung. – *Guizot:* François Pierre Guillaume Guizot (1787–1874), frz. Staatsmann und Schriftsteller, war seit 1840 Minister des Auswärtigen, 1847/48 Chef des Kabinetts. – *Robot und Zehnten:* Das slawische Lehnwort Robat = Frondienst, Fronarbeit war in Österreich in der Form „Robot" als Schlagwort für die Leistungen der Bauern verbreitet. – *einen ... offiziellen Artikel:* am 4. 3. 1848. – *s. v. v.:* sit venia verbo – man verzeihe das Wort. – *ihren Namen um eine Silbe zu verkürzen:* wie beispielsweise Lenau aus Strehlenau. – *einen falschen anzunehmen:* wie Auersperg den Namen Anastasius Grün. – *Schriftstellerversammlungen:* Die erste Versammlung fand am 20. 2. 1845 statt, die zweite am 11. 3. 1845. – *des Hofrates Hammer:* Vgl. dazu das Epigramm *Was heißt Linguist.* – *Professor Endlicher:* Stefan Ladislaus Endlicher (1804–1849), seit 1840 Professor der Botanik an der Universität Wien. – *Die Bittschrift wurde dem Fürsten Metternich überreicht:* Sie wurde am 16. 3. 1845 von Bauernfeld, Endlicher und dem Juristen Prof. S. Jenull dem Grafen Kolowrat überreicht. – *in auswärtigen Blättern:* in der Beilage zur *Allgemeinen Zeit* 1845, Nr. 278/279. – *Schrift:* Vgl. Anm. zu *Clemens Hügel, Über Denk-, Rede-, Schrift- und Pressefreiheit* (Kommentar II, S. 27). – *Bauernfeld schrieb ...:* Bauernfelds 1847 in Leipzig anonym erschienene Schrift hat den Titel *Schreiben eines Privilegierten aus Österreich. Zur Beleuchtung der merkwürdigen Broschüre: Über Denk-, Rede-, Schrift- und Preßfreiheit.* – *dissoluten:* zügellosen. – *eine politische Zeitung:* Diese Behauptung stimmt nicht. Schon als 24jähriger hatte Bauernfeld versucht, in seinem Drama *Alkibiades* die politischen Zustände von Paris zu schildern. – *Baron Dobbelhof:* Anton

Frhr. von Doblhoff-Dier (1800–1872) war im Mai 1848 Handels-
minister, im Ministerium Pillersdorff Minister des Innern. – *insi-
piden:* abgeschmackten. – *der ältere Baron Stift:* gemeint ist
Andreas Frhr. von Stifft (1787–1861), der Sohn des kaiserlichen
Leibarztes Andreas Joseph v. Stifft. – *Graf Thun:* Leopold
Leo Graf Thun-Hohenstein (1811–1888), Unterrichtsminister von
1849–1860. – *auf dem Linzer Dampfschiffe:* am 2. 9. 1847. – *in
einer böhmisch geschriebenen Broschüre:* Die 1842 in Prag erschienene Schrift ist in deutscher Sprache geschrieben: *Über den gegenwärtigen Stand der böhmischen Literatur und ihre Bedeutung.* –
dem wenigstens die Nase des Spürhunds nicht fehlte: Vgl. dazu das
Gedicht *Die beiden Hunde.* – *die Entstehung der Wiener Akademie der Wissenschaften:* im März 1846. – *Baron Münch:* Joachim
Graf v. Münch-Bellinghausen (1786–1866). – *alle Vorsichtsmaß-
regeln:* Vgl. dazu das Epigramm *Galizische Sicherheitsmaßregeln.*
– *Minister Bach:* Alexander Frhr. von Bach (1813–1893). – *en-
trepreneur des révolutions:* Anführer der Revolutionen. – *in einem
Gedichte: Mein Vaterland.* – *Der Despotismus:* Vgl. dazu das Epigramm *Die Knechtschaft hat meine Jugend zerstört.*

MEINE ERINNERUNGEN AN FEUCHTERSLEBEN

E: 1850/1851 auf Hebbels Bitte. – D: Im 7. Band von Feuchterslebens *Sämtlichen Werken,* hrsg. von Friedrich Hebbel, 1853, S. 325 ff.
Diese Erinnerungen erschienen dort mit folgender Vorbemerkung
Hebbels: „Hier, wo es sich um die Persönlichkeit handelt, trete der
ehrwürdige Grillparzer, der langjährige und zweifach berufene
Freund des Verewigten ergänzend und berichtigend ein." (HKA I, 16,
277) – Ernst Frhr. v. Feuchtersleben (1806–1849), Lyriker und Es-
sayist, war Arzt und seit 1844 Dozent für ärztl. Seelenkunde.

Ich bin mit Feuchtersleben verhältnismäßig spät . . .: Vermutlich
erst 1837 (vgl. HKA I, 16, 277). – *ein gemeinschaftlicher Freund:*
Bauernfeld. – *glückliche Ehe:* Feuchtersleben war mit Helene Kal-
cher (1801–1882) verheiratet. – *Nicht auf jene in Deutschland be-
liebte Weise . . .:* gegen Tiecks Shakespearevergötterung gerichtet. –
die Annahme der von ihm bekleideten Stelle: Im Juli 1848 sollte
Feuchtersleben Unterrichtsminister werden. Er lehnte aber diese
Stelle ab und begnügte sich mit der eines Unterstaatssekretärs im
Unterrichtsministerium. – *Er ist vom Geiste aus gestorben:* In hef-
tigem Widerspruch mit seinen Kollegen der Wiener Medizinischen
Fakultät stehend, legte Feuchtersleben im Oktober 1848 tief ver-
letzt und innerlich gebrochen sein Amt nieder.

TAGEBÜCHER

Die Tagebuchnotizen, von 1808 bis 1870 reichend, sind weder systematisch noch kontinuierlich angelegt, sondern vielmehr skizzenhaft und zufällig. In Kollektaneenheften und Merkblättern ohne die Absicht einer späteren Veröffentlichung aufgezeichnet, vermitteln sie ein um so echteres Bild von Grillparzers Entwicklung als Mensch und Dichter. Der Charakter des Unvollständigen und Lückenhaften tritt durch die chronologische Anordnung der Tagebucheinfälle und -auszüge in den 6 Tagebuchbänden der HKA II, 7–12 besonders hervor.

Grillparzers Eintragungen gleichen den Tagebüchern Hebbels, noch mehr jedoch den Studienheften von Novalis und insbesondere den Aphorismenaufzeichnungen Lichtenbergs, wie August Sauer nachgewiesen hat (HKA II, 7, XI f.). Neben autobiographischen Notizen, Reisetagebüchern und Bemerkungen zu eigenen Werken stehen zahlreiche Zitate aus fremden historischen und dichterischen Werken, die entweder im Hinblick auf eine spätere Verwendung in selbständigen Arbeiten oder zur Charakteristik des betreffenden Verfassers aufgenommen sind. Grillparzer hält hier vor allem seine eigenen Einfälle und Gedanken fest, notiert sich Zustimmung zu dem Gelesenen oder Bedenken dagegen, führt das Aufgenommene selbständig weiter, entwirft Pläne von Aufsätzen und Kritiken. Die Grenzen zwischen persönlichen und literarischen Aufzeichnungen fließen oft ineinander über.

Zusammenhängende Tagebücher hat der Dichter lediglich in der Jugend und auf seinen Reisen geführt. Häufig macht er sich selbst Vorwürfe wegen der Unregelmäßigkeit seiner Eintragungen: „Zu versuchen, was für eine Wirkung ein regelmäßig fortgesetztes Tagebuch auf das Gemüth und den gegenwärtigen Seelenzustand zu machen vermag" (HKA II, 8, 331, Tgb.Nr. 1690), schon bald läßt er aber von seinem Vorsatz ab: „Dieß Abhaspeln ewig sich gleich bleibender Tagesbegebenheiten fängt nun schon an, mich gewaltig zu ennüyieren" (HKA II, 8, 338, Tgb.Nr. 1720).

Die Tagebuchblätter aus der Jünglingszeit (1808–1810) belehren uns über sein Studium Goethes und Schillers und zeigen, wie gründlich er sich zu einer freien Kritik an beiden durchrang. Reichlich und wichtig sind die Aufzeichnungen aus der großen Krise der zwanziger Jahre. Sie sind sowohl Dokumente quälender Selbstanalyse, ständiger Selbstzerstörung als auch gleichzeitig dichterischen Schöpfertums. Das Tagebuch von 1819 bringt Fixlmüllner als eine Projektion der seelischen Verfassungen Grillparzers; ihm werden alle Enttäuschungen des 21jährigen aufgebürdet. Der junge, um eine eigene Form ringende Dichter spiegelt sich in dem verhinderten „Halb-Genie Fixlmüllner" der Tagebuchnotizen. Sobald sich dann der äußere Erfolg Grillparzers einstellt, verschwindet der Doppelgänger aus dem Tagebuch. Zwar heißt es im Tagebuch von 1827: „Für mich gab es nie eine andere Wahrheit als die Dichtkunst. In ihr habe ich nie den kleinsten Betrug, die kleinste Abwesenheit vom Stoffe erlaubt. Sie war meine Philosophie, meine Physik, Geschichte und Rechtslehre, Liebe und Neigung, Denken und Fühlen. Dagegen hatten die Dinge des wirklichen Lebens, ja seine Wahrheiten und Ideen für mich ein Zufälliges, ein Unzusammenhängendes, Schattenähnliches, das mir nur unter der Hand der Poesie zu einem Nothwendigen ward" (HKA II, 8, 289, Tgb.Nr. 1614), doch zweifelt Grillparzer an seiner dichterischen Begabung.

Die Tagebücher seiner vier Reisen (Italien 1819, Deutschland 1826, Frankreich und England 1836, Konstantinopel und Griechenland 1843) stehen in scharfem Gegensatz zu seinen Wiener Aufzeichnungen. Die Wiedergabe der äußeren Eindrücke läßt die Selbstkritik in den Hintergrund treten. Das Tagebuch der Reise nach Italien (1819) befaßt sich vor allem mit dem Aufenthalt in Rom, dasjenige über die Deutschlandreise (1826) bricht unvermittelt ab. Über die Begegnung mit Goethe in Weimar hat Grillparzer ausführlicher in seiner *Selbstbiographie* berichtet. Das Tagebuch der Reise nach Frankreich und England ist nur als „Erinnerungsbehelf" niedergeschrieben worden und bricht auf der Rückreise in München infolge schweren Familienkummers plötzlich ab. Die Schilderung der Reise von München nach Paris fehlt. Ähnlich wie die Italienreise wurde die Fahrt zur Selbstbesinnung und Befreiung aus unhaltbar gewordenen Zuständen, zur „Wiedergewinnung der eigenen Selbsttätigkeit und der Möglichkeit mit Menschen beisammen zu sein" unternommen. Seit der kühlen Aufnahme von *Des Meeres und der Liebe Wellen* war Grillparzers dichterische Kraft fast versiegt. Auf den Reisen vergleicht der Dichter die Heimat mit der Fremde: der Vergleich der sozialen und politischen Verhältnisse fällt fast überall zuungunsten der Heimat aus. Sowohl in Paris als auch in London widmet er sein Hauptinteresse dem Theater und folglich auch der Literatur. Die französische Romantik stößt ihn ab, er vergleicht den Geschmack, die Literatur der Franzosen, Deutschen und Österreicher und stellt die Ähnlichkeit im Nationalcharakter der Österreicher und Franzosen fest.

In der bunten Fülle seiner Aufzeichnungen nimmt Grillparzer Stellung zu Form und Inhalt, zu Gattungen und Arten der Literatur im allgemeinen, beschäftigt sich mit der griechischen, römischen, italienischen, französischen, spanischen, englischen, älteren und neueren deutschen, österreichischen Literatur und mit Literaturgeschichte. Sein Interesse gilt ferner in starkem Maße dem Theater, der Musik, der bildenden Kunst, der alten und mittelalterlichen Geschichte, der Geschichte der Neuzeit, der Zeit- und Kulturgeschichte, dem Komplex Staat – Gesellschaft, der Philosophie, der Religion und Mythologie, den Naturwissenschaften. Neben den Klassikern der deutschen Literatur und den zeitgenössischen Schriftstellern liest er vor allem Aristoteles, Euripides, Aeschylus, Aristophanes; er beschäftigt sich mit den Briefen Ciceros, mit den Briefen und Trostschriften Senecas, er studiert eingehend die Epigramme Martials. Er liest Spinoza, Voltaire, Rousseau, Corneille, Molière, dann die spanischen Dichter, vor allem Calderon und Lope de Vega, dazu von den Engländern besonders Shakespeare, Swift, Scott, Beaumont und Fletcher. Dazwischen drängt sich immer wieder die Literatur der Gegenwart.

Das nachfolgende Register vermittelt einen Überblick über die in den Tagebüchern am häufigsten vorkommenden Personen, Stoffe und Motive. Sämtliche Stellenangaben (Band-, Seiten- und Tagebuchnummern) beziehen sich auf die HKA.

Personenregister

Grimm, Jacob HKA II, 9, 303, Tgb. Nr. 2791; HKA II, 10, 164 ff., Tgb. Nr. 3235; HKA II, 10, 196, Tgb. Nr. 3284; HKA II, 10, 265 ff., Tgb. Nr. 3439; HKA II, 11, 93, Tgb. Nr. 3776; HKA II, 12, 26 f., Tgb. Nr. 4237.

Grimm, Wilhelm HKA II, 9, 301 ff., Tgb. Nr. 2783-Nr. 2784, Nr. 2789; HKA II, 10, 261, Tgb. Nr. 3429.

Gutzkow, Karl Ferdinand HKA II, 10, 179 f., Tgb. Nr. 3248.

Händel, Georg Friedrich HKA II, 8, 341, Tgb. Nr. 1733-Nr. 1734; HKA II, 9, 147, Tgb. Nr. 2120.

Hagberg, Karl August HKA II, 10, 31 f., Tgb. Nr. 2931; HKA II, 10, 34 f., Tgb. Nr. 2939; HKA II, 10, 38, Tgb. Nr. 2952; HKA II, 10, 42, Tgb. Nr. 2960; HKA II, 10, 72, Tgb. Nr. 3025.

Halévy, Jacques Fromental HKA II, 10, 29 ff., Tgb. Nr. 2926; HKA II, 10, 94, Tgb. Nr. 3065.

Halm, Friedrich HKA II, 10, 143, Tgb. Nr. 3175.

Hamann, Johann Georg HKA II, 7, 255, Tgb. Nr. 646; HKA II, 7, 266, Tgb. Nr. 705; HKA II, 8, 71, Tgb. Nr. 1174; HKA II, 8, 141, Tgb. Nr. 1332; HKA II, 8, 178, Tgb. Nr. 1403-Nr. 1404.

Hammer, Joseph v. HKA II, 8, 348 ff., Tgb. Nr. 1748; HKA II, 8, 370 ff., Tgb. Nr. 1777; HKA II, 9, 12, Tgb. Nr. 1841.

Hartmann von Aue HKA II, 10, 199 ff., Tgb. Nr. 3298.

Haydn, Joseph HKA II, 7, 30, Tgb. Nr. 62; HKA II, 10, 253 f., Tgb. Nr. 3413.

Hegel, Georg Friedr. HKA II, 9, 78 f., Tgb. Nr. 2010; HKA II, 9, 165, Tgb. Nr. 2156; HKA II, 9, 173, Tgb. Nr. 2178; HKA II, 10, 146, Tgb. Nr. 3189; HKA II, 11, 92, Tgb. Nr. 3774; HKA II, 11, 120, Tgb. Nr. 3851; HKA II, 12, 40, Tgb. Nr. 4269.

Heine, Heinrich HKA II, 9, 166, Tgb. Nr. 2158; HKA II, 10, 40 f., Tgb. Nr. 2956, Nr. 2960; HKA II, 10,

44 f., Tgb. Nr. 2970-Nr. 2971; HKA II, 11, 269, Tgb. Nr. 4134.

Hell, Theodor, vgl. Winkler, Karl Gottlieb.

Herbart, Johann Friedr. HKA II, 8, 280, Tgb. Nr. 1588, Nr. 1591.

Herder, Johann Gottfried HKA II, 7, 115, Tgb. Nr. 249; HKA II, 7, 265 ff., Tgb. Nr. 703-Nr. 704, Nr. 706, Nr. 708; HKA II, 12, 32, Tgb. Nr. 4247.

Herodot HKA II, 7, 279 f., Tgb. Nr. 734; HKA II, 8, 14, Tgb. Nr. 1019; HKA II, 8, 22, Tgb. Nr. 1042; HKA II, 8, 67 ff., Tgb. Nr. 1157-Nr. 1159, Nr. 1161, Nr. 1164, Nr. 1167-Nr. 1168; HKA II, 8, 74, Tgb. Nr. 1184; HKA II, 8, 174, Tgb. Nr. 1396; HKA II, 8, 279, Tgb. Nr. 1585-Nr. 1586; HKA II, 10, 289, Tgb. Nr. 3486; HKA II, 12, 23, Tgb. Nr. 4225; HKA II, 12, 75, Tgb. Nr. 4366.

Herz, Adolf HKA II, 10, 12 f., Tgb. Nr. 2888.

Hesiod HKA II, 7, 130, Tgb. Nr. 293; HKA II, 12, 10, Tgb. Nr. 4179.

Hobbes, Thomas HKA II, 8, 137, Tgb. Nr. 1325.

Home, Heinrich HKA II, 7, 3, Tgb. Nr. 2-Nr. 3.

Homer HKA II, 7, 87, Tgb. Nr. 195-Nr. 196; HKA II, 7, 244, Tgb. Nr. 624; HKA II, 8, 84 f., Tgb. Nr. 1207-Nr. 1208; HKA II, 8, 98, Tgb. Nr. 1243; HKA II, 8, 338, Tgb. Nr. 1721; HKA II, 11, 17, Tgb. Nr. 3626.

Horaz HKA II, 10, 192 ff., Tgb. Nr. 3277, Nr. 3282-Nr. 3283; HKA II, 10, 231 f., Tgb. Nr. 3365-Nr. 3366; HKA II, 11, 13, Tgb. Nr. 3617; HKA II, 11, 14, Tgb. Nr. 3621; HKA II, 11, 120 f., Tgb. Nr. 3852; HKA II, 12, 46, Tgb. Nr. 4287.

Hormayr, Joseph Frhr. v. HKA II, 9, 48 f., Tgb. Nr. 1935.

Huart, Johann HKA II, 7, 74, Tgb. Nr. 157.

Hügel, Clemens Wenzel Frhr. v. HKA II, 11, 173, Tgb. Nr. 3977.

Hugo, Victor HKA II, 9, 214 ff., Tgb. Nr. 2290-Nr. 2303; HKA II, 10, 251, Tgb. Nr. 3403-Nr. 3405.

Wolfram von Eschenbach HKA II, 9, 318 ff., Tgb. Nr. 2837-Nr. 2840; HKA II, 10, 242 ff., Tgb. Nr. 3400-Nr. 3401.

Wouwerman, Philips HKA II, 7, 213, Tgb. Nr. 485.

Zaas, Ferdinand HKA II, 7, 144, Tgb. Nr. 330.

Zedlitz, Joseph Christian Frhr. v. HKA II, 10, 252, Tgb. Nr. 3407; HKA II, 12, 56, Tgb. Nr. 4309.

Stoffregister

Ästhetik HKA II, 7, 331, Tgb. Nr. 873-Nr. 874; HKA II, 7, 338 ff., Tgb. Nr. 882-Nr. 884; HKA II, 8, 93, Tgb. Nr. 1225; HKA II, 8, 94, Tgb. Nr. 1229; HKA II, 8, 95, Tgb. Nr. 1232; HKA II, 10, 291, Tgb. Nr. 3497; HKA II, 11, 110, Tgb. Nr. 3819; HKA II, 11, 259, Tgb. Nr. 4113; HKA II, 11, 266, Tgb. Nr. 4127; HKA II, 12, 36, Tgb. Nr. 4256.

Agamemnon HKA II, 7, 108 f., Tgb. Nr. 235-Nr. 236; HKA II, 9, 292, Tgb. Nr. 2769; HKA II, 10, 256, Tgb. Nr. 3417.

Alfred HKA II, 7, 112, Tgb. Nr. 244.

Allegorie HKA II, 7, 346, Tgb. Nr. 893.

Altertumskunde HKA II, 7, 287 f., Tgb. Nr. 751.

Alzindor, Prinz von Eldorado HKA II, 7, 32 f., Tgb. Nr. 75.

Amtsübergehung (Grillp. als Beamter) HKA II, 8, 58 f., Tgb. Nr. 1132; HKA II, 9, 6, Tgb. Nr. 1830.

Amtssuche HKA II, 7, 71, Tgb. Nr. 143.

Antigone HKA II, 7, 112, Tgb. Nr. 244.

Antonius und Kleopatra HKA II, 7, 264, Tgb. Nr. 696-Nr. 698; HKA II, 8, 245, Tgb. Nr. 1552.

Arbeitsweise (Grillparzers) HKA II, 7, 251 f., Tgb. Nr. 645; HKA II, 8, 59, Tgb. Nr. 1133; HKA II, 9, 66, Tgb. Nr. 1987; HKA II, 9, 76, Tgb. Nr. 2004; HKA II, 9, 83, Tgb. Nr. 2021; HKA II, 9, 87 f., Tgb. Nr. 2036; HKA II, 10, 141, Tgb. Nr. 3169.

Archivdirektor (Grillparzer als) HKA II, 9, 67 ff., Tgb. Nr. 1989-Nr. 1992;

HKA II, 9, 76 f., Tgb. Nr. 2005; HKA II, 9, 80, Tgb. Nr. 2014-Nr. 2015; HKA II, 9, 84 f., Tgb. Nr. 2025; HKA II, 9, 98 ff., Tgb. Nr. 2054.

Auf die Genesung des Kronprinzen HKA II, 9, 124 ff., Tgb. Nr. 2071-Nr. 2073.

Autobiographie HKA II, 8, 86 ff., Tgb. Nr. 1215.

Badekur in Gastein HKA II, 9, 35 ff., Tgb. Nr. 1914-Nr. 1922.

Blanka von Kastilien HKA II, 7, 5, Tgb. Nr. 11, Nr. 16; HKA II, 7, 20 f., Tgb. Nr. 38; HKA II, 7, 24, Tgb. Nr. 47-Nr. 48; HKA II, 7, 44 f., Tgb. Nr. 89; HKA II, 7, 49 ff., Tgb. Nr. 91-Nr. 92; HKA II, 7, 58, Tgb. Nr. 97; HKA II, 7, 59, Tgb. Nr. 99.

Bücher-Titel HKA II, 9, 134, Tgb. Nr. 2081; HKA II, 10, 186, Tgb. Nr. 3255.

Bühne HKA II, 7, 234, Tgb. Nr. 585.

Bruce HKA II, 8, 210, Tgb. Nr. 1447; HKA II, 8, 247, Tgb. Nr. 1557.

Brutus HKA II, 7, 143 f., Tgb. Nr. 327-Nr. 328.

Campo vaccino HKA II, 10, 208 f., Tgb. Nr. 3327; HKA II, 12, 87, Tgb. Nr. 4400.

Catilina HKA II, 7, 112, Tgb. Nr. 244; HKA II, 8, 245, Tgb. Nr. 1552.

Charakter HKA II, 7, 15 f., Tgb. Nr. 27.

Childe Harold's Pilgramage HKA II, 7, 258 f., Tgb. Nr. 664-Nr. 665, Nr. 672.

China HKA II, 8, 152 ff., Tgb. Nr. 1353-Nr. 1355.

Cholera HKA II, 9, 35, Tgb. Nr. 1914; HKA II, 9, 43 f., Tgb. Nr. 1929.

Chor HKA II, 7, 88, Tgb. Nr. 199; HKA II, 7, 120, Tgb. Nr. 261; HKA II, 7, 121, Tgb. Nr. 265; HKA II, 7, 128, Tgb. Nr. 286.

Das Kloster bei Sendomir (erster Entwurf) HKA II, 8, 98 f., Tgb. Nr. 1245.

Das goldene Vließ HKA II, 7, 369, Tgb. Nr. 938a; HKA II, 8, 35, Tgb. Nr. 1082; HKA II, 8, 97, Tgb. Nr. 1241.

Das Prius HKA II, 8, 246, Tgb. Nr. 1552.

Der arme Spielmann HKA II, 7, 116, Tgb. Nr. 253.

Der kategorische Imperativ (Preislustspiele) HKA II, 11, 221, Tgb. Nr. 4047.

Der Ring des Gyges HKA II, 8, 245, Tgb. Nr. 1552.

Der Traum ein Leben HKA II, 8, 119, Tgb. Nr. 1299; HKA II, 8, 245, Tgb. Nr. 1552; HKA II, 8, 288, Tgb. Nr. 1611; HKA II, 8, 332, Tgb. Nr. 1698; HKA II, 9, 88, Tgb. Nr. 2037; HKA II, 9, 196, Tgb. Nr. 2194; HKA II, 10, 142, Tgb. Nr. 3170.

Des Lebens Schattenbild HKA II, 8, 109, Tgb. Nr. 1284; HKA II, 8, 119, Tgb. Nr. 1299.

Des Meeres und der Liebe Wellen HKA II, 7, 141, Tgb. Nr. 320, Nr. 322; HKA II, 7, 355, Tgb. Nr. 916; HKA II, 8, 198, Tgb. Nr. 1428; HKA II, 8, 245, Tgb. Nr. 1552; HKA II, 8, 331 f., Tgb. Nr. 1692, Nr. 1698; HKA II, 8, 335 ff., Tgb. Nr. 1709, Nr. 1713, Nr. 1717; HKA II, 8, 339 f., Tgb. Nr. 1724, Nr. 1729; HKA II, 8, 365, Tgb. Nr. 1763; HKA II, 9, 25 f., Tgb. Nr. 1893; HKA II, 9, 87 ff., Tgb. Nr. 2034, Nr. 2037-Nr. 2038, Nr. 2044; HKA II, 9, 154, Tgb. Nr. 2132; HKA II, 10, 178, Tgb. Nr. 3247.

Dichter HKA II, 7, 6, Tgb. Nr. 15; HKA II, 8, 322 f., Tgb. Nr. 1674; HKA II, 9, 137, Tgb. Nr. 2088; HKA II, 9, 217, Tgb. Nr. 2304; HKA II, 11, 4, Tgb. Nr. 3600; HKA II, 11, 9, Tgb. Nr. 3608; HKA II, 11, 112 f., Tgb. Nr. 3824; HKA II, 11, 212, Tgb. Nr. 4038.

Dichtergabe (Zweifel an der) HKA II, 7, 17 f., Tgb. Nr. 31-Nr. 32; HKA II, 8, 186 ff., Tgb. Nr. 1413; HKA II, 8, 193 ff., Tgb. Nr. 1419-Nr. 1426; HKA II, 8, 205 f., Tgb. Nr. 1437, Nr. 1439; HKA II, 9, 126 ff., Tgb. Nr. 2074-Nr. 2075; HKA II, 9, 143 f., Tgb. Nr. 2112, Nr. 2115.

Dichtkunst HKA II, 8, 289 f., Tgb. Nr. 1614.

Die Ahnfrau HKA II, 7, 91, Tgb. Nr. 204; HKA II, 7, 102 ff., Tgb. Nr. 222-Nr. 223; HKA II, 7, 106 f., Tgb. Nr. 226; HKA II, 7, 237 f., Tgb. Nr. 602; HKA II, 8, 44 f., Tgb. Nr. 1102.

Die Albaneserin HKA II, 7, 228, Tgb. Nr. 578.

Die Amazone HKA II, 7, 112, Tgb. Nr. 244.

Die Braut von Messina HKA II, 7, 49, Tgb. Nr. 91.

Die drei Krebse von St. Helena HKA II, 8, 245, Tgb. Nr. 1552.

Die ersten Habsburger HKA II, 8, 245, Tgb. Nr. 1552.

Die Glücklichen HKA II, 8, 69 f., Tgb. Nr. 1169; HKA II, 8, 245, Tgb. Nr. 1552.

Die Großen und die Kleinen HKA II, 7, 69, Tgb. Nr. 131; HKA II, 7, 70, Tgb. Nr. 136; HKA II, 7, 112, Tgb. Nr. 244; HKA II, 8, 21 f., Tgb. Nr. 1039.

Die Jüdin von Toledo HKA II, 7, 73, Tgb. Nr. 152; HKA II, 8, 139 f., Tgb. Nr. 1330; HKA II, 8, 245, Tgb. Nr. 1552; HKA II, 11, 183, Tgb. Nr. 3996.

Die Jungfrau von Orleans HKA II, 7, 52, Tgb. Nr. 93; HKA II, 7, 56, Tgb. Nr. 96.

Die Langobarden HKA II, 7, 112, Tgb. Nr. 244; HKA II, 9, 134, Tgb. Nr. 2081.

Die Leiden des jungen Werther HKA II, 7, 49 f., Tgb. Nr. 92.

BIBLIOGRAPHIEN

Sauer, A., Goedekes Grundriß Bd. 8, [2]1905, S. 326–459, und Bd. 11, 2. Teil, 1953, S. 129–171.

Vancsa, K., Grillparzer-Bibliographie 1905–1937, in: Jb. d. Grillparzer-Gesellschaft 34, 1937; fortgeführt von:

Straubinger, O. P., Grillparzer-Bibliographie 1937–1952, in: Jb. d. Grillparzer-Gesellschaft, 3. Folge, Bd. 1, 1953, S. 33–80.

Körner, J., Bibliographisches Handbuch des deutschen Schrifttums, [3]1949, S. 383–386.

Kosch, W., Deutsches Literatur-Lexikon Bd. 1, [2]1949, S. 732–736.

Eppelsheimer, H. W. / Köttelwesch, C., Bibliographie der deutschen Literaturwissenschaft. Frankfurt a. M. 1957 ff. Bd. 1 (1945–1953), 1957, S. 288 ff.; Bd. 2 (1954–1956), 1958, S. 223 ff.; Bd. 3 (1957–1958), 1960, S. 144 f.; Bd. 4 (1959–1960), 1961, S. 186 f.

Seidler, H., Grillparzer-Bibliographie, in: Grillparzer Forum Forchtenstein. Vorträge, Forschungen, Berichte. 1965 (1966); 1966 (1967); 1967 (1968); 1968 (1969); 1969 (1970); 1970 (1971); 1971 (1972); wird laufend fortgeführt.

INHALT

Der vorliegende Band erscheint in der Reihe

WINKLER-GERMANISTIK

die bisher folgendes Programm umfaßt:

Kommentare zu Dichtern und Epochen

Cowen: Der Naturalismus. 304 Seiten.

Viviani: Das Drama des Expressionismus. 191 Seiten.

Rötzer: Der Roman des Barock. 192 Seiten.

Hillach/Krabiel: Eichendorff-Kommentar. Band 1: Zu den Dichtungen, 230 Seiten. Band 2: Zu den theoretischen und autobiographischen Schriften und Übersetzungen. 224 Seiten.

Viviani: Grillparzer-Kommentar. Band 1: Zu den Dichtungen. Mit einer Einführung von Johannes Kleinstück. 288 Seiten.

Vordtriede/Schweikert: Heine-Kommentar. Band 1: Zu den Dichtungen, 148 Seiten. Band 2: Zu den Schriften zu Literatur und Politik. 192 Seiten.

Mann/Straube-Mann: Lessing-Kommentar. Band 1: Zu den Dichtungen und ästhetischen Schriften, 218 Seiten. Band 2: Zu den kritischen, antiquarischen und philosophischen Schriften. 178 Seiten.

Wiese/Unger: Mörike-Kommentar. Einführung von Benno von Wiese. 196 Seiten.

Wiese/Koopmann: Schiller-Kommentar. Band 1: Zu den Dichtungen. Einführung von Benno von Wiese, 270 Seiten. Band 2: Zu den historischen, philosophischen und vermischten Schriften. 116 Seiten.

Clemen u. a.: Shakespeare-Kommentar. Zu den Dramen, Sonetten, Epen und kleineren Dichtungen. Einführung von Wolfgang Clemen. 180 Seiten.

Modelle und Methoden

Bruno Hillebrand: Theorie des Romans. Band 1: Von Heliodor bis Jean Paul. 232 Seiten. Band 2: Von Hegel bis Handke. 296 Seiten.

Edgar Marsch: Die Kriminalerzählung. Theorie – Geschichte – Analyse. 296 Seiten.

Reihe Schnittpunkt

Ingrid Kreuzer: Entfremdung und Anpassung. Die Literatur der Angry Young Men im England der fünfziger Jahre. 136 Seiten.

Studien

Manfred Frank: Das Problem „Zeit" in der deutschen Romantik. Zeitbewußtsein und Bewußtsein von Zeitlichkeit in der frühromantischen Philosophie und in Tiecks Dichtung. 488 Seiten.

Bruno Hillebrand: Mensch und Raum im Roman. Studien zu Keller, Stifter, Fontane. Mit einem einführenden Essay zur europäischen Literatur. 332 Seiten.

Paul Michael Lützeler: Hermann Broch – Ethik und Politik. Studien zum Frühwerk und zur Romantrilogie „Die Schlafwandler". Ca. 230 Seiten.

Judith Ryan: Umschlag und Verwandlung. Poetische Struktur und Dichtungstheorie in R. M. Rilkes Lyrik der Mittleren Periode (1907–14). 172 Seiten.

Helmut Scheuer: Arno Holz im literarischen Leben des ausgehenden 19. Jahrhunderts (1883–1896). Eine biographische Studie. 336 Seiten.

Hans Rudolf Vaget: Dilettantismus und Meisterschaft. Zum Problem des Dilettantismus bei Goethe: Praxis, Theorie, Zeitkritik. 262 Seiten.

Texte

Briefwechsel zwischen Schiller und Körner. Hrsg. und komment. von Klaus L. Berghahn. Ca. 352 Seiten.

Gottfried Keller: Aufsätze zur Literatur. Hrsg. und komment. von Klaus Jeziorkowski. 111 Seiten.

Lessing/Mendelssohn/Nicolai: Briefwechsel über das Trauerspiel. Hrsg. und komment. von Jochen Schulte-Sasse. 250 Seiten.

L. Tieck und die Brüder Schlegel: Briefe. Hrsg. und komment. von Edgar Lohner. 275 Seiten.

Bitte fordern Sie Prospekte an vom Winkler Verlag,

8000 München 44, Postfach 26